2

함께 읽기는 힘이 세다 2

지치지 않는 교사들의 아름답고도 세속적인 독서교육

초판 1쇄 발행 2018년 12월 5일
초판 3쇄 발행 2020년 10월 25일

지은이	경기도중등독서교육연구회 · 김영희 권은재 김은선 문숙희 김경미 전지향
펴낸이	이영선
책임편집	이현정
편집	이일규 김선정 김문정 김종훈 이민재 김영아 김연수 이현정 차소영
디자인	김회량 이보아
독자본부	김일신 김진규 정혜영 박정래 손미경 김동욱

펴낸곳 서해문집 | 출판등록 1989년 3월 16일(제406-2005-000047호)
주소 경기도 파주시 광인사길 217(파주출판도시)
전화 (031)955-7470 | 팩스 (031)955-7469
홈페이지 www.booksea.co.kr | 이메일 shmj21@hanmail.net

ⓒ 경기도중등독서교육연구회 · 김영희 권은재 김은선 문숙희 김경미 전지향, 2018
ISBN 978-89-7483-968-0 03370

이 도서의 국립중앙도서관 출판예정도서목록(CIP)은 서지정보유통지원시스템 홈페이지(http://
seoji.nl.go.kr)와 국가자료공동목록시스템(http://www.nl.go.kr/kolisnet)에서 이용하실 수
있습니다.(CIP제어번호: CIP2018036752)

※ 이 책의 본문에서 소개된 각 저자의 재직 학교는 2018년 초판 출간 당시의 학교입니다.
　현재 재직 중인 학교는 표지 앞날개에 소개되어 있습니다.

함께 읽기는 힘이 세다

2

경기도중등독서교육연구회 교사모임

김	권	김	문	김	전
영	은	은	숙	경	지
희	재	선	희	미	향

지치지 않는 교사들의 아름답고도 세속적인 독서교육

서해문집

'수업에서 가르치는 것이 무엇이어야 하는가'에 대한 고민은 교사라면 누구나 가슴에 품은 질문일 것이다. 열심히 가르치는데도 아이들은 행복하지 않은 것 같다는 느낌은 교과서 너머의 진짜 배움과 마주하게 해 주고 싶다는 반성과 열망으로 이어진다. 생동하는 호기심으로 반짝반짝 눈을 빛내며 스스로 책을 찾아 읽는 공부를 하고, 책 한 권에 담긴 드넓은 세상을 만나며 자신을 진솔하게 성찰할 줄 알게 된다면 아이들은 조금 더 행복해지지 않을까.

10년 전 경기도 각 지역에서는 중등 독서토론 실기 직무연수가 운영되었다. 격주로 한 번씩 방과 후에 지역별로 모여서 책을 읽고 토론하는 소박한 모임이었다. 교사들의 제안으로 이루어진 이 연수는 강사도 따로 없이 여러 교과의 교사들이 돌아가며 발제하고 토론하는 학습 모임이었으나 그 어떤 연수보다도 힘이 셌다. 지금까지도 지속하고 있는 이 모임은 무엇을 어떻게 가르칠지 고민하는 많은 교사들에게 '함께 책을 읽으며 길을 찾는' 방법을 알려 줬다.

함께 읽기는 힘이 세다,
그 두 번째 이야기

그리고 교사가 직접 독서토론을 해 본 경험은 정규 수업시간의 독서교육으로, 자유학기제와 동아리 활동 등으로 옮아가는 데 큰 도움이 되었다.

연수의 후속 모임으로 만들어진 경기도중등독서교육연구회는 각 지역에 뿌리를 두고 함께 공부하는 학습 공동체로 성장해 왔다. 정기적인 교사 독서토론 모임, 사제동행 연합 독서토론회, 저자 초청 좌담회, 독서토론 직무연수 등을 통해 교사 개인의 성과는 공동체 모두의 지적 자산으로 확산되었고, 우리가 서로 수업 사례를 나누며 함께 공부한 것은 다시 교실에 씨앗으로 뿌려졌다. 교사들이 협력해서 다른 교사를 돕고, 도움을 받아 성장한 교사가 또 다른 교사를 돕는 구조는 수많은 교사가 같은 꿈을 꾸기 때문에 가능하다.

그러한 우리의 경험을 모아 지난 2014년에 《함께 읽기는 힘이 세다》를 출간했다. 그리고 그로부터 4년이 지난 지금, 그 두 번째 이야기가 세상에 나오게 되었다. 이 책 《함께 읽기는 힘이 세다 2》가

출간되기까지, 그동안 사회에도 많은 변화가 있었다. 특히 정규 교육과정에 '한 학기 한 권 읽기'가 들어오게 된 것은, 일회성 독서 활동으로는 학생들의 지속적인 성장을 기대하기 어렵기 때문이다.

과도한 학습과 경쟁으로 인해 책과 멀어진 아이들, 자신이 원하는 책을 고르는 데도 어려움을 느끼는 아이들이 아직도 너무나 많다. 이들에게 독서가 자연스러운 일상이 되기 위해서는 깊이 읽고 토론하며 제대로 된 글쓰기 활동을 해야 하는데, 그러려면 넉 달 정도의 긴 호흡이 필요하다. 또한 학교마다 학생들의 상황과 특성이 제각기 다르기 때문에 우리 아이들에게 맞는 교육과정으로 독서수업을 재구성해야 한다. 독서교육이 다른 교사의 활동을 참고하면서도 끊임없이 변주되는 이유다.

이 책에 소개된 독서수업 사례들은 경쟁이 아닌 공감과 소통, 따뜻한 협력이 오고 간 수업들이다. 각 수업은 서로 다른 성향을 가진 아이들이 스스로 읽고, 듣고, 말하고, 직접 쓰며 자신만의 관점을 가질 수 있도록 한 단계 한 단계 섬세하게 기획되어 있다. 저자들이 펼친 독서수업을 통해 아이들은 교실에서 책을 읽으며 자신의 힘으로 질문을 만들고 친구들과 함께 답을 찾는다. 그리고 그 과정 속에서 나와 다른 시각을 지닌 사람을 존중하는 방법을 배우고, 그들과 협동하며 공부하는 자세도 익혀 나간다.

누군가에게는 '평생 독서'의 시작이 되기를, 그래서 어른이 되어서도 자연스럽게 책을 찾아 읽는 좋은 독자가 되기를 바라는 마음이 담긴 이 책이 아이들에게 책 읽기의 소중함을 일깨워 주려는 교사들에게 작은 씨앗이 되길 바란다.

2018년 가을
경기도중등독서교육연구회장
김안나

차 례

책에 길을 묻다!

인·문·학·도 프로젝트

온 학교의 아름다운 사제동행, 교과융합 독서교육

김은선 | 송림고등학교

시니까 같이 읽자

영혼을 치유하는 씨앗 심기

문숙희 | 동탄고등학교

얘들아 화내지 마
촉촉한 공학자
만들기 대작전

자연 계열 학생들과 함께하는
본격 문학 수업

김영희
천천고등학교
blog.naver.com/hehe26

/

일 년 내내 책만 읽은
비결

2016년은 잊을 수 없는 해다. 고등학교 3학년 수업만 내리 2년을 하다, 2학년 학생들을 맡게 되었기 때문이다. 한 학급에서 세 명 남짓 깨어 있을까 말까 한(반장, 부반장, 그리고 나…….) 수능 대비 문제 풀이 수업을 하다 학년을 옮기게 되니 신이 나서 죽을 것 같았다. 그래서 수업 시간에 한풀이하듯 책을 읽었다. 일 년 내내 책만 읽고, 일 년 내내 활동만 했다.

이쯤 되면 독자님들께선 "학생들이 엄청 화냈을 텐데. 아, 이 글에선 학생들의 반발을 극복해 낸 교사의 감동적인 이야기가 펼쳐지겠군." 싶으시겠지만, 그렇지 않다. 극적인 장면이 없었던 것이 아쉬울 정도로 학생들은 즐겁게 글을 읽고 즐겁게 참여해 줬다. 이제와 생각해 보면, 아이들이 내 수업을 향해 (불만은 품었겠다만) 화를 내지 않은 이유는 활동을 준비하고 진행하는 과정에서 가장 공을 들인 부분이 '아이들을 화나게 만들지 않기'였기 때문인 듯하다.

교사 입장에서는 수업을 준비할 때 이 활동이 의미 있는 것인지, 세상에 기여할 수 있는 것인지를 먼저 고민하겠지만, 학생들은 의미 있고 좋은 수업이라고 해서 무조건 참여해 주진 않는다. '아름다운 수업'과 '(세속적으로) 도움이 되는 수업'은 별개니까. 교사가 원하는 아름다운 수업을 해 나가는 동시에 학생들이 바라는 지점을 짚어 가는, 그래서 그들이 화내지 않게 만드는 수업을 하는 것이 가장 큰 목표였다. 어르고 달래기!

한 해 동안 고등학교 2학년 자연 계열 학생들과 책을 읽고 생각을 나눴던 이야기를 기록한다. 이 기록의 의의를 굳이 제시해 보자면, 자연 계열 학생들에겐 비주류 교과인 문학 시간에 이루어진 활동에 대한 기록이라는 점이다. 수학, 과학에 무게를 두고 공부하는 자연 계열 학생들은 문학 교과를 중요하게 여기지 않는다. 인문 계열 학생들 대상의 수업이었다면 하지 않았을 고민을 많이 해야 했다. 문학을 읽는 일, 더 나아가 책을 읽는 일이 왜 중요한지, 어떤 점에서 도움이 되는지를 매시간 자세하고 구체적으로 설명하며 설득해야 했다. 교사 스스로도, 개념 전달 위주로 이루어지지 않는 문학 수업도 세속적 이익을 거두게 할 수 있다는 점을 증명해야 했다. 나 혼자 뿌듯하고 만족을 얻자고 학생들에게 (세속적인 면에서의) 손해를 끼쳐서는 안 되니까. 쌩하고 등을 돌리지 않게 하려 머리를 썼다.

수업 시간에 학생들과 책을 읽고 의미 있는 활동을 하려면, 교사는 수십 가지의 근거들을 마련해야 한다. 학생들은 교사가 귀찮은 일을 벌인다는 생각이 들면, 팔짱을 끼고 냉담해진다. 팔짱을 껴 버리기 전에, 팔을 미처 다 올리기 전에, 적절한 시점에서 어르고 달래는 방책을 찾으려 했다. 한 해가 지나 돌이켜 보니 그 잔기술(?)들이 어느 정도 성공을 거둔 듯하다. 이 글에서 소개되는 활동들, 아이들을 설득한 근거들 혹은 잔망스러운 잔기술들이 학생들과 책 읽기를 시작하시려는 선생님들께 조금이나마 도움이 되길 바란다. 정말 그랬으면 좋겠다. 수업 시간에 책을 읽고 생각을 나누는 일은 교사를 꽤나 기쁘게 만드니까.

1단계. 너희가 좋아할 만한 글을 가져와 봤어
_ SF 한 번 읽어 보지 않을래?

인문 계열, 소위 문과 학생들은 문과라는 자각 때문에 문학을 접할 때 의식적으로 감수성을 최대치로 끌어올린다. 등장인물에게 감정이입을 하지 않았다는 생각이 들면 자책을 하면서 "선생님, 전 문과생으로서의 자격이 없나 봐요."라며 괴로워한다. 진짜다! 하지만 자연 계열 학생들에게 이런 모습을 기대해선 안 된다.

그들은 '나는 이과니까'라는 생각을 하며 최대한 냉담하고 분석적인 태도로 작품을 읽는다. 자신을 매우 합리적이고 이성적인 존재라 평가하고 있으므로, 섬세하고 촉촉한 태도로 문학작품을 읽는 일은 '문과생들이나 하는 것'이라 여긴다. 간질간질한 감정은 견딜 수가 없다! 문과생스럽기 때문에! 소설 따위가 날 흔들어 놓을 수 있을까 보냐, 이런 자세다. 최대한 물기를 쫙 뺀 건조한 태도로 글을 읽고 나선 "역시 수학, 과학이 재미있어." "답도 없는 걸 왜 읽어."라며 퉁퉁댄다. (졸지에 매도당한 이과생들께 심심한 사죄의 말씀을 드린다.)

그래서 수업 계획을 세울 때, 이 친구들이 장래에 공학자가 될 사람이라는 점에 무게를 두었다. 아이들이 기술의 '발전'보다 더 중요한 것은 기술의 '성숙'이라는 점을 아는 공학자가 되길 바랐다. 수업 시간에 만나는 학생들이 장래에 자신이 연구하게 될 기술을 바라볼 때 '얼마만큼의 이익을 거두어들일 것인가'가 아니라, '다른 존재의 삶에 어느 정도 기여하는가'라는 기준을 세울 수 있었으면 좋겠다고 생각했다. 그래서 열심히 문학을 읽고 '인간이기 때문에 해야 하는 일'을 이야기했다.

일 년간의 수업으로 엄청난 변화를 이끌어 낼 순 없겠지만, 시도는 해 보고 싶었다. 자연 계열 학생들을 물기 있는 존재로 성장시키기. 쿡 찌르면 눈물을 왈칵 쏟는 감성적 존재로 만들어 나가기. 그게 내 수업의 목표였다. 촉촉해져라, 아이들아.

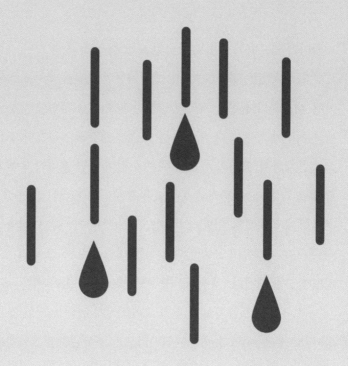

엄청난 변화를 이끌어 낼 순 없겠지만, 시도는 해
보고 싶었다. 자연 계열 학생들을 물기 있는 존재로
성장시키기. 쿡 찌르면 눈물을 왈칵 쏟는 감성적
존재로 만들어 나가기. 그게 내 수업의 목표였다.
촉촉해져라, 아이들아.

의미가 있으면서 흥미도 자극할 수 있는 글을 찾는 것이 가장 중요했다. 재미있는 글을 보여 주는 것 이상의 효과를 거두고 싶었다. 이땐 '너희들의 취향을 적극 반영했다'는 느낌을 강하게 주는 글을 택하는 것이 가장 좋다. 학생들은 교사가 생각하는 것보다 조금 더 선한 존재라서, 교사가 애를 썼다는 느낌이 들면 수업이 망해 버려도 화를 덜 낸다. 본격적인 독서교육을 앞두고 부담이 크신 상황이라면 제재 선정에서 학생들의 취향을 고려했다는 티를 더더욱 많이 내 주시길. 학생들이 글을 읽으며 화를 내지 않으면, 그 수업은 절반 정도 성공한 셈이다. '생색내기'는 아주 중요한 기술이다!

자연 계열 학생들의 마음을 누그러뜨리기 위해 선택한 것은 공상과학소설(SF)이었다. 공상과학이라고는 소설은커녕 영화에도 관심이 없었던 사람이었기 때문에, 김병섭 선생님이 만들어 두신 작품 목록을 보고 도움을 얻었다. 정말 큰 도움이 되었다.[*] 수업 시간에 학생들이 읽고 즐거워했던 작품은 다음과 같다.[**]

---

[*] 김병섭 선생님 블로그 주소는 http://dasidasi.tistory.com이다. 블로그에 고등학생들과 독서수업을 한 사례가 정리되어 있다. 남학생들의 마음을 사로잡는 수업을 고민하고 계시다면 큰 도움을 받으실 것이다. 수업 시간에 가져와 활용한 SF는 모두 김병섭 선생님의 자료를 참고해서 선정했다.

[**] 아무래도 SF의 역사가 긴 영미권 작품을 소개할 수밖에 없었는데, 학생들은 대체로 다른 문화권의 소설 읽기를 힘들어한다. 평소 독서량이 많은 학생들은 금방 익숙해지지만, 대부분 등장인물 이름을 외우는 것부터 버거워한다. 게다가 SF는 세계관 자체가 다르기 때문에 다른 장르에 비해 작품 자체를 이해하는 데 오랜 시간이 걸린다. 거기에 외국 이름까지 등장해 버리면 학생들이 정신을 차릴 수가 없다. '모든' 학생들이 끝까지 흥미를 갖고 읽은 작품은 다음의 세 편이다.

레스터 델 레이, 〈헬렌 올로이〉

학생들이 가장 좋아한 작품이다. 수업 시간에 이 글을 읽고 나서, 동아리 모임을 할 때 이 작품을 다시 읽고 싶다고 책을 빌려 간 학생들이 꽤 많았다. 인간을 사랑하게 된 로봇의 이야기를 소재로 삼았는데, 가까운 미래에 마주하게 될 상황이라고 여겨서인지 여느 때보다 진지한 대화가 이루어졌다. 내용이 복잡하지 않고 등장인물이 많지 않아, 외서임에도 학생들이 쉽게 읽어 낸다. 《SF 명예의 전당 2: 화성의 오디세이》에 수록.

톰 고드윈, 〈차가운 방정식〉

학생들이 해외 작가의 작품을 잘 읽어 내지 못하는 이유는, 이 사람이 저 사람 같고 저 사람이 이 사람 같아 헷갈리기 때문이다. 익숙하지 않은 이름들을 겨우 구분할 수 있게 되면 소설이 끝나 있다! 등장인물의 수가 적은 작품을 소개하면 큰 어려움 없이 잘 읽어 낸다. 이 작품은 등장인물이 두 명밖에 없다는 점에서 엄청난 이점을 가지고 있다. 정원이 한 명인 우주선에 어린 소녀가 몰래 탑승했다는 사실을 알게 된 조종사는 딜레마에 빠진다. 소녀를 우주 공간으로 내쫓아 버리면 그 자리에서 목숨을 잃어버릴 것이 뻔하고, 우주선에 계속 태워 두자니 두 사람의 목숨이 모두 위태로워지고. 윤리적 난제를 다룬다는 점에서 《정의란 무엇인가》를 읽고 토론을 하는 것과 유사한 느낌을 받는다. 고민하는 상황이 너무 극적이라 학생들이 몰입해서 잘 읽는다. 《SF 명예의 전당 1:

전설의 밤》에 수록.

김보영, 〈얼마나 닮았는가〉

장르 소설의 입지가 크지 않은 우리나라에서 꾸준히 SF를 쓰고 있는 작가다. 국내 작가가 쓴 소설의 가장 큰 장점은 현재 한국 사회에서 우리가 목도하는 사회 문제들을 직접 반영하고 있다는 것이다. 시선이 확 꽂힐 수밖에 없고, 이야기도 열렬히 진행될 수밖에 없다. 〈얼마나 닮았는가〉는 표류하는 우주선에 탄 AI에게 가해지는 폭력, 배타적 시선을 그린 소설이다. '익숙하지 않은 존재'를 대하는 우리의 자세에 대해 생각하게 한다. 소설의 말미에서, 작가는 AI에게 가해지던 폭력을 여성혐오와 교묘하게 엮어 제시한다. 젠더 이슈를 다룬 작품인 만큼 학생들이 다양한 생각을 적극적으로 펼쳐 낸다. 《아직 우리에겐 시간이 있으니까》에 수록.

SF는 무게를 어디에 두느냐에 따라 수업의 방향이 전혀 달라질 수 있다는 점에서 매력적인 제재다. 작품에서 구현되는 과학기술을 조사한 뒤 발표나 토론을 할 수도, 세상에 없던 것을 만들어 내는 작가의 창의력에 대한 경외감을 갖도록 유도할 수도 있다. 하지만 수업의 중심은 문학을 '제대로' 읽기에 있었으므로 과학기술에 대한 언급은 의도적으로 피했다. 모든 활동의 초점은 아이들이 '인간을 가치 있는 존재로 만드는 요소들'을 생각하도록 하는 데 두었다.

이 친구들이 장래 공학자가 될 사람들이라는 점을 잊지 않으려고 했다. 그래서 더욱 '인간'을 강조했다. 수업을 통해 '인간이란 무엇인가'를 꾸준히 생각한 학생들은, '인간으로서' 자신이 해야 하는 일이 무엇인지를 은연중에 떠올릴 수 있으리라 믿었다. 인간으로서 해야 할 일에 대한 고민은 다시 그들이 세상에 진정으로 기여할 수 있는 기술을 만드는 일로 이어질 것이다.

천천히,
촉촉해지다

이전까진 SF를 '허무맹랑한 이야기' '허구의 극치' 정도로만 여겨 왔는데, 수업에 활용하겠단 생각으로 진지하게 읽어 보니 전혀 그렇지 않았다. 오히려 현대를 배경으로 한 소설보다 더 현실적인 면이 있었다. 현대사회에서 고민해야 할 철학적 · 윤리적 문제들을 대놓고 소재로 삼은 작품들이 많았다. 타자에 대한 배타적 태도와 폭력, 약자를 향한 태도, 무분별한 기술 개발이 가져오게 될 파국 등 묵직한 생각거리들이 SF라는 (자연 계열 학생 기준으로) 흥미로운 형식에 얹혀 전달되었다. 미래 사회를 배경으로 삼는다는 작품의 특성에 힘입어, 우리는 그 무엇보다 현실적인 고민들을 어느 때보다 객관적인 입장에서 분석하고 논의할 수 있었다.

그중에서도 〈헬렌 올로이〉는 '인간과 로봇을 구분하는 기준은 무엇인가'란 생각거리를 '로봇과 인간의 사랑'이라는 매력적인 서사에 얹어 전달하는 소설이다. '인간으로서 해야 할 일들'을 학생이 직접 이끌어 내길 바랐던 나의 목표에 완벽히 부합하는 제재. 글을 읽자마자 '무조건 읽힌다!'는 생각으로 수업에 투입했다. 전체 학생에게 소설을 읽히고 내용 이해 수업을 한 뒤, 4~5명씩 나눠 모둠을 만들고 '책 대화하기'를 활용해 독서토의를 했다. 학생들이 직접 만든 질문거리를 바탕으로 모둠의 친구들과 대화를 한 뒤, 그 결과를 녹취록 보고서로 만들어 제출하게 하는 것이다. 4인일 경우 학생들은 각각 편집자(전체 활동을 책임지고 진행하며 교사가 제시한 형식에 맞춰 녹취록 보고서 작성), 사회자(모둠 토의 진행), 워드 기록자(대화 내용을 타이핑해서 녹취록으로 만들어 편집자에게 전달), 사진 기록자(매 차시 활동 내용을 사진으로 찍고 간단히 설명을 붙여 활동 보고서 작성) 역할을 맡아 토의를 하면 된다. 이 방법은 혼자 책을 읽었을 때보다 훨씬 깊이 있는 생각을 하게 된다는 점, 시야를 트이게 해 준다는 점에서 교사와 학생 모두를 만족시킨다.* 일반적인 수업 시간에 토의를 하며 생각이 오가게 할 수도 있겠지만, 수행평가로 두세 시간 동안 깊이 있는

---

* '책 대화하기'는 천안 오성고등학교의 류원정 선생님이 처음 시작한 후, 많은 선생님들에 의해 실천된 독서교육 방법이다. 2015 개정 교육과정이 반영된 국어 교과서 중에도 '한 학기 한 권 읽기'의 방법으로 '책 대화하기' 활동을 제안한 것들이 많다. 그만큼 많은 이들이 '엄지 척' 하는 훌륭한 수업 방식. 물꼬방 누리집(reading.naramal.or.kr)에서 '대화하기'라는 검색어를 입력하면 관련 자료들을 다운받아 활용할 수 있다.

대화를 나누며 완결성 있는 생각을 하게 만들고 싶었다. 이 학기의 목표는 학생들이 자신의 사고로 '인간은 어떠해야 하는가?'라는 질문에 대한 답을 내놓는 일이었으니까.

단행본 기준 30쪽 내외밖에 되지 않는 분량임에도, 학생들은 그 짧은 소설을 읽고 놀랄 만큼 진지하고 깊이 있는 생각들을 내놓았다. 학생들이 제출한 토의 녹취록 보고서를 읽으며 '책의 힘이다!'라는 생각을 정말 자주 했다. 그리고 여러 번 무릎을 쥐어뜯었다. 아이들의 생각들이 너무 멋져서.

인상 깊었던 내용은 인간을 사랑하게 된 로봇인 '헬렌'을 인간으로 봐야 하는가에 대한 문제를 두고 나눈 이야기였다. 학생들은 헬렌이 연인의 노화를 닮기 위해 몸에 주름살을 새기고 머리를 하얗게 물들이는 모습을 근거로 인격체 여부의 판단 기준은 '타인을 위해 손해를 감수할 수 있는가'가 되어야 한다고 말했다. 신체를 구성하는 물질들은 인간성을 지니고 있는가를 판단할 때에 부차적인 요소일 뿐이라는 것이었다. "연인인 데이브를 위해 자신을 희생한 헬렌은, 충분히 인간적이야."라는 것이 학생들이 내린 결론이었다. 또한 데이브가 세상을 떠난 뒤 헬렌이 자신의 몸을 산에 녹여 그를 따르는 결말부를 언급하면서, 헬렌은 가정부라는 '수단'으로 만들어졌지만 삶의 방향을 스스로 택하며 삶의 '주체'가 되었으므로 인간이라는 결론을 이끌어 내기도 했다.

인간을 정의할 때 '헌신할 수 있는 존재' '삶의 주체로 설 수 있는 존재'라고 말하는 것은 참 쉽다. 윤리 교과서에서 자주 만나는 익숙한 표현이기 때문이다. 하지만 학생이 소설 속 등장인물의 언행에서 이를 도출해 내는 것은 전혀 다른 의미다. 같은 음식이라도 직접 몸을 써서 만드는 일과 완제품을 사는 일이 완전히 다른 것처럼. 물론 맛이야 사 먹는 것이 더 좋을 수밖에 없겠지만, 완성도가 덜하더라도 직접 몸을 써서 음식을 만들었던 기억은 오래 남는다. 이 사례에서 더 고무적인 점은 과정이 미숙하고 결과가 미흡할수록 그 기억이 더 생생하다는 거다. 요리하다가 냄비 태워 먹고, 맛본 사람이 비명을 지르고 했던 경험들이 더 오래 남듯이. 수업 시간에 나눴던 '인간'에 대한 이야기의 기억이 몸에 오랫동안 남아 아이들이 앞으로 살아가는 동안 문득문득, 불쑥불쑥 떠오르기를 바랐다. 특히 어설프고 미흡했던 친구들일수록 더더욱 그럴 수 있길 바랐다.

지금 나누는 대화가 현실과 동떨어진 것이 아니라는 점을 생각하도록, 엮어 읽을 만한 다른 글들도 틈틈이 내줬다. 특히, 해외 인사들의 부고를 엮어 만든 책인 《가만한 당신》은 좋은 읽기 자료가 되었다.[*] 각각의 장이 한 인물의 삶을 다루는데, 그 분량이 A4 용지 두 쪽 남짓밖에 되지 않음에도 마음에 남기는 울림이 크다. 역시 실

---

[*] 최윤필, 《가만한 당신》, 마음산책, 2016. 부제가 멋지다. '뜨겁게 우리를 흔든, 가만한 서른다섯 명의 부고'. 인권과 자유, 차별 철폐와 페미니즘, 동성혼 법제화 등 자신이 옳다고 여기는 가치들을 위해 온몸으로 투쟁한 이들의 부고를 담았다. 〈한국일보〉에 연재된 글들을 엮어 만든 책이라 고등학생들이 읽기에 내용이 어렵지 않다. 중학생도 가능하다.

화가 주는 힘이 있다.

학생들에게는 콩고의 '레베카 마시카 카추바'라는 인물을 소개했다. 그녀는 콩고 내전을 겪으며 여러 차례 강간을 당하고 가족을 잃었음에도, 여생을 다른 강간 피해자의 자활을 돕는 일에 바쳤다. 가족에게 버림받은 여성들이 자립해서 생활할 수 있는 경제 공동체를 만든 마시카의 이야기는, 학생들이 '인간이라는 존재가 가치를 갖는 지점'을 숙고하도록 하는 좋은 제재가 되었다.

토의 활동에서 많은 학생들은 위기 상황에서 더 똘똘 뭉치는 것이 인간의 특성이라 말하고, 인간의 가치는 아무리 힘들고 아파도 서로에게 의지하며 극복해 나갈 수 있는 힘에 있다고 했다. 우리 또한 가치 있는 삶을 살기 위해 약자와 연대하는 자세를 가져야 한다고 발표하는 학생들을 지켜볼 땐 괜히 마음이 뭉클해졌다.

인상 깊었던 내용 중 하나는 인간의 삶이 가치를 지닐 수 있는 지점으로 슬픔을 느낄 수 있다는 점을 꼽은 모둠의 것이었다. 그 모둠은 로봇이 누군가를 돕는 행위에 '진심'이 담겼다고 볼 수 없다고 이야기했다. 로봇은 마시카와 같은 경험을 했더라도 '슬픔'을 느낄 수 없었을 것이라는 이유에서였다. 같은 고통을 가진 사람들을 이해하고 연대하기 위해 필요한 것은 슬픔이라는 감정이므로, 슬픔은 인간을 가치 있게 만드는 감정이라는 결론을 이끌어 냈다. 슬픔의 가치를 인간의 존재 이유와 엮어 말할 수 있는 자연 계열 고교생이라니. 뭉클하고 또 뭉클하도다.

'창에 부딪힌 새'를
이해한다는 것

소설을 읽는 일은 창에 부딪힌 새에 대해 증언하는 일과 같다. 작은 새가 날아와 부딪히는 일 따위로는 유리창에 흠이 남지 않는다. 아무런 흔적도 없이 말끔할 것이다. 하지만 창 아래 바닥에는 상처 입은 새가 떨어져 있다. 흔적이 남지 않아 알아차리지 못할 따름이지, 아무 일이 없었던 것은 아니다. 소설은 독자들에게 '당신의 눈이 닿지 않는 곳에 상처 입은 새가 존재한다'는 점을 알리기 위해 쓰인다. 끔찍한 일이 벌어졌는데도 아무런 일도 없었다는 듯이 말끔한 세상에 가서 균열을 일으킬 목적으로 쓰인 글이 바로 소설이다.[*]

나는 소설을 제대로 읽고 타인의 아픔에 감응할 수 있는 사람을 만들고 싶었다. 그래서 문학작품을 읽어야 하는 이유를 아주 자주 강조해서 이야기했다. 학생들은 거의 세뇌되다시피 해서, 학기 말엔 내가 툭 치기만 해도 "문학은 사회적 약자가 존재한다는 점을 알리는 글입니다."라고 읊을 정도가 되었다. 물론 문학이 담고 있는

_____

[*] 〈창작과 비평〉 165호에 실린 '작가조명: 한강 장편《소년이 온다》'에 언급된 내용이다. 김연수 작가와 한강 작가가 만나 나눈 대화를 기록한 것인데, 문학 본연의 의미와 가치에 대한 두 작가의 생각이 아름다운 언어로 정리되어 있다. 몇몇 글귀를 뽑아 학생들에게 소개해 주기에 아주 좋다.

이야기는 훨씬 다양하고 깊이 있지만, 한 해 동안 학생들에게 제대로 알려 줘야 하는 단 한 가지를 꼽자면 무조건 이것이 되어야 한다고 봤다. 함께 읽는 글을 정할 때도, 모둠 활동의 방향을 잡아 갈 때도 이를 반영했다.

내가 학창 시절에 받았던 문학 수업이, 지금의 나에게 어떤 영향을 미쳤는지는 잘 모르겠다. 별로 도움이 된 것 같지 않다. 기억도 잘 나지 않는다. 〈관동별곡〉이 너무너무 어려워서 송강 정철이 미웠다는 것만 떠오른다. (죄송합니다. 정철 선생님. 존경합니다. 사랑합니다. 저도 술 마시는 것을 참 좋아합니다.) 단지, 오랜 시간이 흘렀기 때문만은 아닐 것이다. 그 수업이 내 삶에 아무런 변화를 가져오지 않았기 때문이다.

책을 제대로 읽은 사람은 세상이 뒤집히는 경험을 할 수밖에 없다. 나는 학생들이 수업을 통해 그런 체험을 할 수 있길 바란다. 작품에 대한 지식을 전달하는 문학 수업은 오히려 학생들에게 '문학은 재미없는 것' '읽어도 무슨 말인지 알 수 없는 것'과 같은 편견만 심어 줄 따름이다. 앞서 밝혔듯, 수업 시간에 문학을 제대로 읽은 아이들이 인간을 이해하는, 인간을 존중하는 '물기 있는' 공학자가 되길 바란다. 그것이 내가 국어 교사로서 학생들의 삶, 그리고 세상에 조금이나마 기여하는 길이라 여긴다.

목표 달성을 위해, SF 수업 후 연이어 읽은 작품들은 대체로 사회 부조리와 빈곤 문제를 고발하거나 사회적 약자를 주인공으로 삼은 소설들이었다. 특히 자신이 처한 조건이나 여건 때문에 삶이 의지와 무관한 방향으로 이끌리는 인물이 등장하는 작품들을 자주 소개했다. 학생들이 한 인간을 평가할 때, 그가 이룬 모든 것들이 당사자의 선택이나 능력에 기반한 것만은 아니라는 점을 생각하기 바랐다. 정규 수업 시간에는 문학 교과서에 실린 작품과 근래에 발표된 현대 소설들을 6:4 정도의 비율로 읽었다. 다음은 수업 시간에 학생들과 함께 읽은 교과서 밖 소설들이다.

황정은, 〈묘씨생〉

도시 빈민의 삶을 길고양이에 빗대어 그렸다. 동물의 삶에 인간의 삶을 얹어 전하는 방식이라 학생들이 더욱 잘 공감하는 듯하다. 주인공이 불행하면 불행할수록 학생들이 작품에 몰입한다. 안타까운 인물에게 더 마음이 가는 건 인간의 본능이니까. 주변에서 안쓰러운 길고양이들을 하도 자주 보니까, 학생들이 작중 상황을 다른 작품보다 훨씬 생생하게 그려 낸다. 진지한 태도로 집중해서 읽을 수 있는 소설이다. 섬세한 문체를 가진 작가라 남학생이 관심을 보이지 않으면 어쩌나 염려를 했는데, 남녀 모두 잘 읽는다. 《파씨의 입문》 수록 작품.

김애란, 〈서른〉

의지와 무관하게 삶이 휘둘리는 주인공이 등장한다. 누구보다 자신에게 주어진 일을 성실히 이행했음에도 걷잡을 수 없이 삶이 무너져 내리는 주인공의 모습을 보며 많은 생각을 하게 된다. 이런 세상은 과연 옳은 것일까? 머리를 복잡하게 만드는 소설이다. 동시대를 살아가는 2~30대의 모습이라 학생들이 진지한 태도로 읽는다. 개인적으로, 문학 수업을 시작할 때 이 작품을 읽은 후 '문학이 필요한 이유' '문학을 읽어야 하는 이유'를 이야기하곤 한다.《비행운》수록 작품.

박민규,〈갑을고시원 체류기〉

사회 부조리, 빈곤 문제를 그렸다는 점에서 앞의 두 작품과 소재가 동일하다. 하지만 문체가 재기 발랄해서 비슷한 소재의 다른 작품을 읽을 때보다 유쾌하다. '웃프다'. 남학생들이 특히 즐겁게 잘 읽는 소설.《카스테라》수록 작품.

최은영,〈씬짜오 씬짜오〉

소설집《쇼코의 미소》에는 수업 시간에 학생들과 읽기에 좋은 작품들이 특히 많이 실려 있다. 마음 같아선 모두 읽히고 싶었지만, 한 가지를 가려 뽑은 것이 〈씬짜오 씬짜오〉였다. 최은영 작가의 작품들은 대체로 특정한 사회적 사안을 소재로 삼고 있는데(세월호 사건, 베트남 전쟁, 간첩 조작 사건 등), 그것을 투박하지 않게, 매우 문학적인 방식으로 섬세하게 그린다. 학생들과 해석하며 읽기에 아주 좋은 제재가 된다. 〈씬짜오 씬짜오〉는 베트남 전쟁 피해자와 가해자의 만남을 통해 진정한 화해는 어떻게 이루어질 수 있는 것인지, 과연 가능한 것인지, 인간과 인간이 서로를 이해한다는 것이 가능한 것인지를 생각할 수 있게 만드는 작품이다.

이기호, 〈권순찬과 착한 사람들〉

박민규 작가와 마찬가지로 문체가 익살스러운 면이 있어 남학생들이 편하게 잘 읽는다. 떼인 돈을 받기 위해 아파트 입구에 천막을 치고 농성을 벌이는 '권순찬'을 둘러싼 아파트 주민들의 반응을 그렸다. 학생들은 이 글을 읽고 세월호 유가족들이 떠올랐다고 말했다. 나도 그랬다. 《누구에게나 친절한 교회 오빠 강민호》수록 작품.

레이먼드 카버, 〈대성당〉

타인과 연대하는 방법을 이야기하기에 좋은 작품이다. 결국 문학작품을 읽는 일은 '나와 다른 이'를 이해하는 방법을 익히기 위함일 것이다. 한 해 동안의 수업을 마무리하기에 이보다 더 좋은 제재가 있을까. 문학 수업을 마무리할 때 항상 함께 읽는 글.《대성당》수록 작품.

2단계. 지필 평가에서
뒤통수치지 않을게, 진짜루

수업 시간에 토의한 내용을 지필 평가에 출제하는 일은

'학생들이 화내지 않게' 하는 일에 큰 영향을 미친다. 지필 평가에서 배신당하고 나면, 학생들은 모둠 활동을 놔 버리는 방식으로 복수를 한다. 학생들이 '열심히 해 봐야 뭐 해'라고 생각하게 되면, 끝이다. 그 모습을 야속하다 여겨선 안 된다. (물론 야속하다! 넘나 야속해! 너무해!) 공들여 하는 일이 본인에게 어떤 이득을 줄 수 있는지 생각하는 건 당연한 일이다. 득이 되지 않는 활동은 즐겁게 할 수도, 오랫동안 할 수도 없다. 사람이니까. 수업 시간에 이상적 가치를 논하는 일은 아름답지만, 아름답다는 이유만으로 강요할 순 없다. 열심히 수업에 참여하는 학생들이 평가에서도 이익을 볼 수 있도록, 수업과 지필 평가를 연결 짓는 일이 필요하다. 이것은 학생이 화내지 않게 하는 데 아주 중요한 일이다. 개인적으론 제일 중요한 지점이라고 생각한다.

학생들은 '시험'이라고 이야기하면 수행평가보단 지필 평가를 먼저 떠올린다. 전체 성적에서 수행평가가 차지하는 비중이 지필 평가보다 높아진 교과가 꽤 많아졌는데도, 아이들에게는 아직 '시험=지필 평가'다.

수업 시간에 학생들과 가치 있는 이야기, 도움이 되는 이야기를 하고 싶었다. 그러면서도 "난 더 멋진 걸 하고 싶은데 지필 평가가 발목을 잡아."라는 말을 하고 싶지 않았다. 한계를 미리 정해 두는 느낌이라서.

학생들이 인식하는 지필 평가의 무게가 크다면, 나도 그 지필 평가를 활용하면 된다고 생각했다. 그래서 지필 평가 문제를 만들 때는 수업 시간에 토의한 주제들을 적극적으로 가져와 활용했다. 전체 문항의 70% 정도를 토의 주제를 바탕으로 만들었는데 그중에서도 '이건 정말 오래 기억하게 하고 싶다' 하는 내용들을 선별해서 지필 평가 문항지에 얹었다. 이를테면 〈헬렌 올로이〉에서 내가 강조하고 싶었던 바가 '인간을 인간이게 하는 지점'이라면, "'데이브'를 위해 '헬렌'이 한 일로 적절하지 않은 것은?" "작가가 '헬렌'을 로봇으로 설정한 이유로 적절한 것은?"과 같은 문항들을 출제해서 그 지점의 중요성을 짚어 주는 식이었다. 교과의 성취 기준을 적절히 조합하면 교사가 강조하고 싶은 내용들을 지필 평가에 반영하는 일이 그리 무리가 되지 않는다.

 '아이들이 중요하게 여기는' 지필 평가에 '내가 중요하게 여기는' 고민거리나 가치들을 얹어, 학생들이 무의식중에 '이런 걸 공부해야 하는구나' 하고 생각하게 만들고 싶었다. 그러면 아이들이 다음 지필 평가를 준비할 때도 교사가 수업 시간에 강조한 가치와 생각거리들을 되짚는 식으로 학습을 하게 될 것이란 기대도 할 수 있다. 지필 평가를 잘 활용하면 오히려, 교실에서 우리가 나눈 대화들이 한순간에 휘발되지 않게 하는 도구가 될 수 있을 거란 생각을 했다. 물론 가장 좋은 건 지필 평가 부담 없이 자유롭게 수업을 하는 일이겠지만, 분명히 존재하는 현실의 제약들 앞에서 무조건 "저것 때문에 안 돼. 다 망했어."라고 할 수는 없으니 최대한 그것을 활용하는 방안으로 대응하려 했다.

수학능력시험의 변화는 정규 수업과 지필 평가의 방향을 설정하고 학생들을 설득하는 일에 힘을 실어 줬다. 문학작품에 대한 단순한 이론 지식을 묻는 문제는 이제 찾아보기 힘들다. "최근 3개년의 기출 문제 유형을 분석해 보면, 거의 항상 출제되는 문제 유형을 확인할 수 있다. 〈보기〉를 통해 감상의 준거가 되는 정보를 제시해 주고, 그것을 참고해 지문의 내용을 감상할 수 있는지를 묻는 문제와 서술상의 특징을 파악할 수 있는지 묻는 문제, 인물의 심리 및 태도를 파악하는 문제, 지문의 내용(서사 구조)를 이해했는지 묻는 문제, 소재 혹은 배경의 의미 및 기능을 묻는 문제들이 주로 출제"되고 있다.[*]

문제지를 풀어 가며 작품에 대한 지식을 숙지하는 학습 방식은 현재 수능의 방향성과 동떨어져 있다. (시간이 많으면 그렇게 해도 된다.) 익숙하지 않은 글을 읽고 빠르게 이해하는 능력을 키우는 것이 훨씬 효율적인 방책이 될 것이다. (시간이 많으면, 뭐. 일일이 공부해도 된다.) 이 지점을 확인시켜 주면 학생들은 교사의 수업 방식, 지필 평가의 방향성에 빠른 속도로 적응한다. '내가 손해를 보지는 않을까' 하는 불안을 없애 주는 것만으로 새로운 수업 방식에 대한 저항을 크게 누그러뜨릴 수 있다.

---

[*] 윤혜정, 《기출의 신 윤혜정의 기출 톡 국어영역 문학(2017년)》, 보고미디어, 2016. 무려 '기출의 신'이 이렇게 말씀을 하셨다!

학생들의 화를 누그러뜨리는 소소한 팁이 있다. 학기 초에 교과 커뮤니티를 만들어 모둠 활동 결과물을 모아 두면 학생들이 지필 평가를 준비할 때 내용을 참고할 수 있어 좋다. "모둠 활동에서 이 야기한 내용들을 시험에 낼 거야."라고 선언만 하면 학생들은 불안 해한다. 결국 교사는 시험을 어떻게 준비해야 할지 모르겠다는 원 성을 여기저기에서 듣게 된다. 학생들이 불안을 느끼기 전에 방책 을 제시해 주면 학생들이 교사의 수업 방식을 좀 더 신뢰하게 된다. '적어도 손해는 안 볼 것 같다'는 생각을 하게 해 주는 게 중요하다. 수업의 목표가 아름다울수록, 학습자들이 화를 더 많이 내는 경향 이 있으므로, 화를 낼 만한 여지를 애초에 없애 버리는 것이 필요하 다. 교사의 정신 건강을 위해……

학기 초에 교과 도우미에게 학급 밴드(네이버의 BAND 서비스) 만 들기를 부탁하고, 밴드가 만들어지면 교과 도우미가 해당 시점의 모둠별 대표를 초대한다. 초대를 받은 대표는 모둠원들을 모두 가 입시킨다. 이렇게 피라미드식(?)으로 학생들을 가입하게 하면 누구 한 사람에게 일이 몰리지도 않고, 교사가 큰 신경을 쓰지 않아도 일 이 진행되어 수월하다. (… 솔직히 "모둠원 전체가 다 가입하지 않은 모둠 은 수행평가 점수 깎을 거야."라는 협박을 했다.)

학생들은 소설을 읽고, 모둠원과 머리를 합쳐 등장인물의 감정 을 파악하고, 행동과 발언의 의미를 해석하고, 작가가 문장에 얹어 전하려 한 바를 추론했다. 그리고 나는 이 내용을 지필 평가로 출제

했다. 그래도 각 모둠에서 오간 이야기의 내용이 모두 다른데 그 내용을 지필 평가로 출제하는 것이 안전할까, 염려가 되실 수 있다. 하지만 40명가량의 학생들이 생각을 합쳐 만들어 낸 결론은 그리 큰 차이가 나지 않는다. 하나의 결론으로 수렴된단 말이 아니다. 한 학급에서 5개 정도의 생각이 나온다면, 다른 반도 비슷한 내용이 비슷한 개수의 응답으로 나타난다는 의미다. 게다가 수업 시간에 이루어지는 토의 활동의 목표가 '창의적인 발상'을 하는 데 있는 것이 아니라 작품에 제시된 근거를 바탕으로 '합리적인 추론'을 하는 데 있으므로, 생각만큼 다채로운 이야기가 엄청나게 많이 나오진 않는다. (만약 교사가 놀랄 만큼 창의적이고 멋진 답이 나오면 다른 반에도 찾아가 그 내용을 공유했다. "모 반의 ○○○은 이 질문에 대해 이런 이야기를 했어."라는 식으로, 멋진 답변은 널리 알려 칭찬해 줬다.)

또한 학생들이 토의를 하는 동안에 교사는 각 모둠을 찾아가 대화의 방향을 잡아 주거나 학생들이 놓친 내용을 짚어 주는 역할을 하게 되는데, 그 과정에서 각 질문에서 반드시 생각해야 할 지점들을 강조하게 된다. 따라서 학생들은 지필 평가 문항에 나올 정도로 중요한 내용들을 모두 안내받은 셈이 되는 것. 그렇게 생각을 해 보면, 특정 집단에만 유리한 문제가 출제되는 상황은 웬만해선 나타나지 않는다고 봐도 무방하다. 그래서 거의 모든 수업을 모둠 토의 활동으로 운영할 수 있었다.

앞서 언급했듯, 잘 쓰인 문학작품은 대체로 소외받은 이에 대한 증언이다. 지식을 전달하는 방식으로 이 내용을 수업하게 되면, 교사가 아무리 잘 풀어 설명을 하더라도 학생들은 증언들을 '학습의 대상'으로 인식하고 끝내 버릴 것 같았다. '전쟁의 비극' '이웃에 대한 관심과 사랑'과 같이 문제지에 쓰인 깔끔한 주제들을 깔끔하게 학습하게 하는 방식으로 수업을 하고 싶지 않았다. '그 사람들'의 이야기가 아니라 '우리'의 이야기임을 인식하고, 그 와중에 내가 할 수 있는 일을 고민하게 하려면 우리가 직접 작품 속에 뛰어드는 수밖에 없었다. 그것이 학생들의 화를 달래 가면서까지 굳이 모둠 토의 활동을 고수한 이유다. "이건 남의 이야기가 아니야."

솔직히 말하자면, 활동 수업보다는 강의식 수업이 편하다. 교사가 비참해지는 상황이 왕왕 발생하긴 하지만, 여러모로 수월한 것은 사실이다. 그럼에도 불구하고, 굳이, 학생들과 책을 읽고 모두가 입을 열어 이야기를 하게 하는 환경을 만들고 싶었던 이유는 그것이 일개 교사인 내가 세상에 기여할 수 있는 일이 될 거란 생각 때문이었다.

지금도 그렇지만, 당시에 내가 꽂혀 있던 화두는 '일베'였다. 자신과 다르다는 이유로 (특히 소수자, 약자를 향해) 무차별적인 혐오의 발언과 행동을 하는 그들의 모습을 보고 큰 충격을 받았다. 어떻게 그럴 수 있을까, 왜 이런 현상이 생기게 되었을까를 집중적으로 고민했다.

개인적으로 일베가 창궐하는 주요한 이유는 그곳이 '공적 발화

욕구가 충족되는 공간'이기 때문이라고 본다. 지인과 사적인 이야기를 나누는 일도 재미와 의미가 있지만, 많은 사람 앞에서 공적인 발화를 하는 일이 주는 쾌감은 결이 다르다. 사회의 일원이 된 느낌, 내가 이 집단에 기여를 하는 느낌, 뚜렷한 입장을 가진 사람이 된 느낌, 머리를 쓰는 사람이 된 느낌. 하지만 많은 사람들에겐 공적 입장을 밝히는 기회가 일상적으로 주어지지 않는다. 그래서 그것이 가능한 공간을 찾게 되는 것 같다. 긍정이든 부정이든 자신이 쓴 글이 타인의 반응을 불러일으킨다는 게 즐겁고 신이 나서 자꾸 찾아가는 게 아닐까, 그래서 그 안에서 더 똘똘 뭉치고, 자신만의 논리를 강화해 나가는 게 아닐까.

'별스럽게 왜 그런 생각까지 하고 그러냐' 하고 여기실 수도 있겠지만, 수업 시간에 일베 용어를 아무렇지도 않게 사용하거나 그들의 논리로 약자와 소수자에 대한 혐오 발언을 하는 학생을 종종 만나게 된다. 수업 시간에 학생들 각자가 입을 열어 자기의 입장과 생각을 이야기할 수 있는 장을 최대한 많이 만들어 주면, 조금이나마 그곳을 덜 찾게 되지 않을까. 사람들과 생각을 섞다 보면 앞뒤가 꽉 막힌 생각의 성에서 빠져나올 수 있지 않을까. 조금 억지스럽긴 하지만, 이것이 모둠 토의 활동을 일상적으로 하게 된 이유였다. 첫 번째는 타인의 상황에 공감하는 연습을 하도록 만들기 위해서였고, 두 번째는 다른 사람 앞에서 실컷 말할 수 있는 경험을 하게 하기 위함이었다.

3단계. 이게, 책 속에만 있는
얘기가 아니야
_ 비문학으로 문학 수업하기

한편 가장 오랜 시간을 들여, 진지하게 고민할 수밖에 없는 문제가 있었다. 학생들을 촉촉한 공학자로 만들겠다고 선언은 했지만, 잔뜩 물기 머금은 아이들이 세상에 나갔을 때 그 능력이 정말 도움이 될까. 꾸준히 고민해야 할 일이었다. 백면서생의 뜬구름 잡는 소리는 아닐까. 내가 등 따시고 배부르니 세상 무서운 줄을 모르나. 괜히 애들만 붕 띄워 놓는 게 아닌가. 이런 생각들을 틈날 때마다 했다. 수업 시간에 읽은 글과 나눈 생각들이 현실의 삶을 살아가는 데도 도움이 된다는 확신을 학생들에게도, 나 스스로에게도 심어 줘야 했으므로. 우리가 지금 하고 있는 일들이 살다가 한 번씩 떠오르는 아름다운 추억 정도로만 남는 게 싫었다. 이 활동이 현실과 유리된 것이 아니라는 점을 증명하고 싶었다. 학생들을 위한 수업이기도 했지만, 나를 위한 것이기도 했다.

학생들의 동의를 구한 뒤 《우리의 일상을 지배하는 IT 거인들》*

---

* 김환표, 《우리의 일상을 지배하는 IT 거인들》, 인물과사상사, 2016. 애플, 인스타그램, 에어비앤비, 우버 등 세계인의 일상을 과거와 전혀 다르게 바꿔 놓은 IT 기업의 운영자들을 소개한다. 개인적 삶에서부터 기업의 경영 철학과 운영 전략 등을 다룬다. 내용 자체가 고교생이 읽기에 어렵지 않은데다, 한 인물당 할애되는 분량이 단편소설 한 편과 비슷해서 더 부담이 없다. 수업 제재로 강력히 추천한다.

이라는 비문학 제재를 수업에 들여왔다. IT 기업 CEO들의 기업 운영 철학과 전략을 소개하는 책이었는데, 그중에서도 '팀 쿡(애플)' '케빈 시스트롬(인스타그램)' '브라이언 체스키(에어비앤비)' '조나 페레티(버즈피드)' '제임스 다이슨(다이슨)'*을 다룬 부분을 수업 시간에 가져와 활용했다. 〈헬렌 올로이〉를 읽고 진행한 수행평가와 같은 방식으로 제재를 바꿔 한 번 더 수행평가를 한 것이다. 학생들은 진로의 방향에 따라 제재를 선택한 뒤 읽고 모둠별로 독서토의를 했다. 이번 활동의 초점은 학생들이 직접 해당 기업이 성공할 수 있었던 이유를 도출하고, 자신이 기업을 운영하게 된다면 그 점을 어떤 식으로 반영할 것인지 생각하는 것에 두었다.

학생들이 '효율을 1순위로 삼는 일'이 성공의 충분조건이 아니라는 점을 확인하길 바랐다. 효율만 좇는 사회에서 벌어지는 해악들을 바라보며(특히 기업들이 저지르는 패악들을 향해), "안타깝긴 하지만 어쩔 수 없지. 경제가 발전해야 하니까."라고 말하는 사람으로 성장하지 않길 바랐기 때문이다. 이상한 건 '이상한 일'인 거지, '어쩔 수 없는' 일이 아니다. 실제로 인류의 삶에 지대한 영향을 미치고 있는

---

* 제임스 다이슨은 《우리의 일상을 지배하는 IT 거인들》에 실린 인물이 아니다. 이 책은 월간지 〈인물과 사상〉에 연재된 '인물 FOCUS'라는 기획 중 IT 기업 운영가들의 이야기를 엮어 만든 것인데, 모든 인물이 IT와 관련되어 있다 보니 기계공학을 전공하고 싶어 하는 학생들의 요구를 충족시켜 줄 수 없었다. 그래서 '인물 FOCUS'에서는 소개되었으나 《우리의 일상을 지배하는 IT 거인들》에는 실리지 않은 제임스 다이슨을 따로 모셔 왔다. 《인물과 사상》 2016년 4월호에 수록.

세계적 기업들을 보면, 효율만을 맹목적으로 좇지 않았다. 적어도 함께 읽은 글에서는 그랬다. 오히려 그러한 측면이 기업의 성공 요건이 되는 경우를 종종 발견할 수 있었다. 학생들은 책을 읽고, 관련 자료를 검색해 보고, 친구들과 대화를 하며 이러한 특성들을 직접 찾아냈다.

이를테면 팀 쿡은 애플의 CEO가 된 뒤 'Reuse and Recycling program(재사용, 재활용 프로그램)'을 만들었는데, 이 프로그램을 실행하고 난 뒤 상품 제조 과정에서 배출되는 CO_2의 양이 현저하게 감소했다. 또한 기부금 매칭 프로그램을 만들어 직원들이 모은 기부금의 두세 배를 사회에 기부하는 등 기업의 사회적 역할에 관심을 기울이고 있다. 과거 중국에 있는 기업 '폭스콘'에서 일어난 노동자에 대한 극심한 통제와 착취 행위가 논란이 되었을 때, 잡스는 '폭스콘의 자살률은 중국의 평균 자살률보다 낮다'며 자사의 입장을 옹호한 반면 팀 쿡은 모른 척할 수 있었음에도 불구하고 폭스콘을 직접 찾아가 임금 문제 및 노동조건 개선에 대한 합의를 통해 문제를 해결하고자 노력하는 모습을 보였다. 이에 잡스의 팬들은 잡스를 잊지 못했지만 협력 업체들은 잡스를 잊고 팀 쿡을 지지하는 입장을 보이고 있다.

학생들은 책을 읽고 팀 쿡의 경영 철학 및 기업 운영 방식을 들여다본 뒤 잡스는 제품으로 인간의 삶에 혁신을 일으켰지만, 팀 쿡은 기업의 사회적 역할에서 혁신을 모색하고 있다고 평했다. 그리고 잡스 사망 후 애플의 제품이 혁신적이지 않다고 불평할 것이 아니라, 팀 쿡이 미치고 있는 사회적 영향력 측면에서의 혁신에 주목을 해야 한다는 결론을 내렸다.

혁신적인 가전제품을 제작하기로 유명한 기업 '다이슨'의 창업자 제임스 다이슨은 날개 없는 선풍기, 먼지 주머니가 필요하지 않은 청소기 등 기존의 관념들을 뒤엎는 제품들을 만들어 내고 있다. 학생들은 제임스 다이슨을 소재로 한 글을 읽은 후, 날개 없는 선풍기를 만들겠다는 발상은 제품의 안전성을 고려했기 때문이었다는 점을 짚으며 수익뿐 아니라, 사용자의 안전까지 생각했으므로 가능했던 혁신이라고 말했다. 당시 논란이 되고 있었던 가습기 살균제 사건을 언급하며 안전성은 기업이 갖춰야 할 당연한 윤리 의식임에도, 사실 대부분의 기업들이 이를 무시한 채 제품을 만들고 있다고 비판하기도 했다. 보고서의 말미에서 학생들은 자신의 이윤만 생각하는 일반 기업들과는 달리 다이슨은 소비자들의 불편함을 해소하는 것에 초점을 두고 활동했다는 점, 나만이 아닌 너와 나 모두를 위해 기업을 운영하려 한다는 점을 다이슨의 성공 비결로 도출했다.

학생들은 세계적 기업가를 다룬 글을 읽은 후 소통, 공유와 같은 덕목들이 성공 기업의 요건이 될 수 있다는 점에 놀라움을 느꼈다. 대한민국의 사회적 분위기가 이러한 기업들의 특성과는 전혀 다른 방향으로 나아가고 있다는 점을 지적하기도 했다. '우리는 가끔씩 어떤 작업을 수행할 때 그것의 해결책을 찾기만 하면 된다는 편협

한 관점에서 문제를 바라보기 쉽다' '우리나라의 주입식 교육 문제
와도 연관이 있는데, 이런 방법은 일시적인 해결 방안을 찾는 데는
도움이 될 수 있지만 장기적으로는 부작용을 일으킨다'와 같은 문
제의식이 앞으로 살아가게 될 학생들의 모습에 조금이나마 영향을
미치길 바란다.

세상을 바꾸는
괴짜가 되어 줘

　　　엄밀히 말하면, 문학 시간에 문학작품만 읽지는 않았다.
(뜨끔) 하지만 난 이 수업을 통해 함께 생각하고 이야기한 내용이 결
국 문학과 맞닿아 있다고 본다. 효율성의 강조로 인해 외면받던 가
치들을 응시하게 한다는 점에서. 우리가 소설을 읽고 나눈 이야기
들, 인간으로서 지켜야 할 가치로 도출한 덕목들이 그냥 아름답기
만 한 것이 아니라는 점을 생각하게 만들고 싶었다. 이 과정이 학생
들이 은연중에 갖고 있는 '효율성의 신화'를 조금이나마 무너뜨릴
수 있기를 바랐다. 그리고 학생들이 제출한 과제물을 읽으며 목표
했던 바에 조금이나마 다가서지 않았나 하고 생각했다. 나쁜 예들
이 너무 많다 보니, 우리들은 성공하기 위해선 적당히 남을 속이기
도 해야 하고, 남에게 손해도 끼쳐야 한다는 생각을 갖고 있는 듯하

다. 그러나 책을 통해 만난 '실재하는' 기업들은 사측의 이익만을 최우선으로 두지 않았다. (물론 두었을 것이다. 기업이므로. 하지만 대놓고 "이익만 좇을 거야!" 하진 않았다. 적어도 그렇지 않은 '척'은 했다.) 아이들에게 옳지 않은 일에 눈감는 것이 성공의 조건이 아니라는 점에 대한 '실제' 증거를 보여 준 것만으로도, 나는 이 수업이 의미 있었다고 자평한다.

문학을 '제대로' 읽는 법을 알려 줘야 하는 이유는, 아이들이 살아갈 세계가 지금까지와는 완전히 다른 모습일 것이기 때문이다. 전문가들은 말한다.[*] 앞으로의 세계에서는 더 이상 눈에 띄는 경제 성장이 이루어지지 않을 것이고, 그러므로 경쟁 자체가 무의미해질 것이라고. 이러한 와중에 그나마 남아 있는 한 줌의 것들을 챙기겠다고 피 터지게 싸우는 일은 의미가 없다. 모두를 다치게 만들 따름일 뿐. 이런 세상 속에서 '선생님 수업 잘 듣고 문제 하나 더 맞추면 성공하게 될 거야'라는 식으로 학생들을 홀리는 수업은 무책임하다고 생각한다.

교사가 학생들에게 전해야 하는 것은 "유명 대학 혹은 대기업에 입성할 수 있는 역량을 갖추게 하는 일"도 아니고, "저성장 현상 속에서 독자 생존하는 일"도 아닐 것이다. "성장이 느려진다고 해서

---

[*] 이하 두 문단은 《명견만리_미래의 기회편》(KBS 명견만리 제작팀)에 언급된 '미래를 준비하는 자세'에 나온 이야기를 인용하거나 교사의 입장에서 재구성해 기술한 것이다.

또는 성장이 멈춰 버린다고 해서 살아갈 길이 없는 것은 아니라는 점, 미래를 준비하는 일은 결국 타인과 더불어 살아가는 능력을 키우는 것이라는 점, 노동은 나와 타인이 하나의 공동체로 작동하고 있다는 것을 증명하는 시스템"이라는 점을 이야기해야 할 것이다.

그것이 학생들을 어르고 달래 가며 문학 수업을 해야 하는 이유라고 본다. 문학을 읽는 일은 너무나도 무용한 일 같지만, 그래서 어찌 보면 하찮아 보이기도 하지만, 나는 이것이 앞으로 아이들이 삶을 살아가는 데 큰 힘이 되리라 믿는다. 제대로 쓰인 모든 문학작품들은 패배한 존재들에 대한 기록이므로, 문학을 읽고 타인에 대한 감수성을 키워 주는 일은 아이들이 살아가게 될 삶의 모습을 전혀 다르게 바꿔 놓을 것이다. 세상 앞에서 부딪히고 깨졌을 때, 주변을 둘러보고 나와 같은 사람들과 나란히 서서 연대할 수 있는 능력을 키워 줄 것이다. 나는 그것이 내가 학생들에게 줄 수 있는 최고의 가르침이라고 여긴다.

4단계. 생기부, 놓치지 않을 거예요

교사의 이상을 실현함과 동시에 학생들이 바라는 세속적 지점에서의 이익을 모두 도모하는 것이 최종 목표였다. 농담 반 진

문학을 읽는 일은 너무나도 무용한 일 같지만,
그래서 어찌 보면 하찮아 보이기도 하지만,
문학작품들은 패배한 존재들에 대한 기록이므로,
주변을 둘러보고 나와 같은 사람들과 나란히 서서
연대할 수 있는 능력을 키워 줄 것이다.
나는 그것이 내가 학생들에게
줄 수 있는 최고의
가르침이라고
여긴다.

담 반으로 '학생들을 어르고 달래기 위해'라고 말하긴 했지만, 교사를 믿고 열심히 수업을 따라와 준 학생들이 실제 대학 입시를 준비할 때 불이익을 겪지 않게 해야 한다는 일종의 사명감 같은 것이 있었다. (학생들을 명문대에 보내겠다는 게 아니다. 최소한 피해를 끼치고 싶지 않았다는 의미다.)

최근, 대입 준비 측면에서 지필 평가 성적만큼이나 중요한 것은 생활기록부의 '교과세부능력 특기사항'이다. 공교육에서 이루어지는 수업 활동은 대학의 학생 선발 방식에 지대한 영향을 받게 되는데, 많은 대학들이 학생부 종합전형으로 학생을 선발하면서 생활기록부의 중요성이 아주 높아졌다.[*]

몇 년 전까지만 해도 고등학교 교사가 문제 풀이 수업을 진행하지 않는 것은 민원 사유가 되었다. 하지만 입시 방향이 크게 바뀌면서 학생들이 다양한 활동을 통해 능력을 선보일 수 있는 환경을 만들어 주는 것이 매우 중요해졌다. 오히려 지식 전달 중심의 강의식 수업을 하는 것이 '학생부 종합전형 준비에 도움이 되지 않는다'며 지탄받는 상황이 되어 버렸다!

수행평가를 하며 학생들이 보인 변화들, 각각의 활동을 할 때 맡

---

[*] 수도권 소재 대학들은 학생부 종합전형으로 수시모집 정원의 55.7%를 선발한다. 수시모집 전형 중 가장 높은 비율이다. 그중에서도 가장 눈에 띄는 것은 서울대인데, 수시모집의 모든 전형이 학생부 종합이다!(2018년 입시 기준) 생활기록부의 중요성이 그만큼 높아졌다는 사실을 보여 준다.

아 기여한 역할들에 무게를 두어 교과세부능력 특기사항을 기재하려 했다. 수업의 방식을 돋보이게 하기보다는 학생의 성장과 능력에 눈이 갈 수 있도록, 능력 위주로 기술을 했다. 활동 하나하나가 끝날 때마다 학생들에게 그때 맡았던 역할과 그것을 통해 배우게 된 점, 신장된 능력을 글로 써서 제출하게 했는데, 학기 말에 그 내용을 참고해서 기록을 했다.

사실, 학생들이 "모둠 활동이 많아서 피곤해요."라고 말할 땐 생활기록부 기재를 근거로 들어 세상 세속적인 설득을 하기도 했다. ('하기도 했다'가 아니라 '많이 했다'.) "요즘 입시 방향 알지? 내가 생활기록부에 네가 어떠어떠한 능력을 갖고 있다고 기록을 해 줘야 하는데, 내가 설명하는 걸 받아쓰게 하는 식으로 수업을 하면 뭘 써 줄 수가 없잖아. 생기부 잘 써 줄게, 힘내 봐."라는 식이었다. 설득 내용이 너무 없어 보이긴 하지만, 학생들의 마음을 즉각 풀어 주기엔 이만한 게 없다(고 변명을 해 본다.).

학생들이 타인과 뭔가를 도모하는 과정을 거치며 분명 발전을 할 수 있으리라 본다. 다른 이와 소통하는 능력, 다른 생각을 가진 사람들이 힘을 합쳐 뭔가를 만들어 가는 능력. 없던 능력이 생기기도 할 것이고, 교사가 그동안 발견하지 못했던 능력들을 확인하는 계기가 될 수도 있을 것이다. 나는 날 믿고 따라와 준 이들에게 보답을 하는 마음으로, 독서수업을 통해 발견한 학생들의 능력들을 생활기록부에 정리해 주는 일에 공을 들였다. 모둠 토의를 하고 녹

049

취록을 만들어 제출하는 수행평가라면, 사회를 맡은 학생은 "모든 사람이 의견을 밝힐 수 있는 허용적인 분위기를 조성하고, 구성원이 자신감 있게 말을 할 수 있도록 한 명의 말이 끝날 때마다 내용의 핵심을 짚어 정리하고 칭찬해 주는" 능력을 보일 수 있을 것이다. 대화 내용을 워드프로세서로 옮긴 학생에게선 "토의 내용이 녹음된 음성 파일을 듣고 일일이 내용을 정리하는 과정에서 성실하고 책임감 있게 자신이 맡은 일을 수행하는" 면모를, 매 차시 모둠원들이 활동하는 장면을 사진으로 찍고 짧은 글을 붙여 기록한 학생에게선 "수행평가의 과정을 사진과 짧은 글로 정리해 내는 모습을 통해 핵심 장면을 포착해서 간결하게 풀어내는 관찰력과 정리력"을 발견할 수 있다. 가장 무게 있는 역할인 전체 기획 및 편집자에게선 "활동의 운영을 전반적으로 맡아 이끌어 가고, 갖가지 문제 상황에 대처하는 모습에서 리더십과 판단력"을 확인할 수 있을 테다. 교실에 차분히 앉아 교과서를 펼쳐 놓고 하는 수업이었다면 확인할 수 없는 (혹은 신장시킬 수 없는) 능력들이다.

이러한 능력치에 대한 기술 위에 학생들이 제재를 읽고 대화를 하거나 글을 쓴 내용들을 얹어 교과세부능력 특기사항을 완성했다. "〈헬렌 올로이〉를 읽고 '인간을 인간이게 하는 조건'에 대해 모둠원과 대화를 나눔. 그 과정에서 '슬픔이라는 감정을 느끼는 능력은 인간을 다른 존재와 구분하는 기준이 된다'는 참신한 의견을 내놓아 교사와 학우 모두를 놀라게 만들었음."과 같이.

아름답고도
세속적인 독서

　　자연 계열 학생들을 어르고 달래 가며 수업한 이야기다.
이 수업은 사실 학생들보다 나 자신에게 큰 영향을 미쳤다. 아이들
을 설득하기 위해 여느 때보다 더 민감하게 이 수업이 아이들에게
미칠 영향을 고민했던 듯하다. 워낙 '똑 떨어지는 답을 좋아하는' 존
재들을 붙잡고 '똑 떨어지는 답이 없는' 문학을 읽어야 하는 이유를
설명해야 하니, 많은 생각을 할 수밖에. 그래서 평소보다 좀 더 실
질적이고 손에 잡히는 소재거리를 찾으려 애썼다. '공존'과 '연대'의
가치를 아는 것은 실제의 삶에 어떤 도움을 줄 것인가. 착한 사람이
되는 것 외에 어떤 변화를 가져올 수 있을까. 착한 사람이 되는 일이
혹여나 손해가 되지는 않을까. 수업 활동이기도 했지만 이런 질문
들에 대한 답을 스스로 찾아 나가는 과정이기도 했다. 100%는 아
니더라도, 76% 정도는 만족한다. 수업 방식에 대한 확신을 조금 더
갖게 되었으니. 내가 아이들에게 하는 이야기가 '뜬구름 잡는 소리
는 아니었구나' 하는 위안을 얻었다.

　문학을 읽는 공학자가 되길. 기술의 발전 속도에 도취되지 않길.
약한 존재들의 숨소리에 귀 기울이는 사람이 되길. "누가 뭘 배우고
연구하든, 결국엔 경쟁에서 이기고 부자 되는 길만 좇을 수밖에 없
는 사회라면 인공지능이 아니라 더 좋은 걸 개발해도 지옥문 앞을

장식할 거적때기밖에"* 되지 않을 것이므로. 내가 아이들과 사부작
사부작 해 나가는 일이 세상을 조금이라도 더 낫게 만드는 일에 기
여하기를 바란다.

* 이영준·임태훈·홍성욱, 《시민을 위한 테크놀로지 가이드》, 반비, 2017.

모둠 수행평가를 하면 "○○이가 자기 일을 안 해서 힘들어요."라며 울면서 찾아오는 학생들이 꼭 있습니다.

지극히 자연스러운 일입니다. 슬퍼하지 마세요, 선생님. 교사의 능력 문제나 학생들의 인성 문제라기보다는, '그럴 수밖에 없는 일'이라 보는 것이 타당합니다. 4명 이상의 사람이 모여 과제 하나를 해내는데, 관심과 참여 정도가 다 다를 수밖에 없다고 생각합니다. 너무 무책임한가요. (웃음)

저는 모둠 내에서의 역할을 정할 때부터 '어느 정도의 임무가 부여되는가'를 기준으로 가산점을 받는 학생을 정해 둡니다. 가령 '책 대화하기' 활동이라면 토의한 내용을 정리해서 완성된 보고서를 만들어 내는 역할인 '편집자'에게 일이 몰리게 되는데요. 역할을 정할 때 편집자에게 가산점을 줄 거라고 공지를 해 두면 열의를 가진 학생들이 이 역할을 택하게 됩니다. 학생들에겐 "편집자는 할 일이 정말 많아. 그래서 가산점을 주는 거야. 편집자가 잘해야 모둠 보고서 완성도가 높아지니까, 진짜 책임감 있게 할 수 있는 사람이 편집 역할을 맡아. 점수 욕심 때문에 하겠다고 하지 마, 할 일이 엄청 많아서 감당을 못할 수도 있어."라고 안내를 합니다. (안내라기보다는 협박에 가깝네요.)

053

그렇게 되면, 열의 넘치는 학생들이 속상해하지 않습니다. 자긴되게 열심히 하고 싶고, 이 활동을 중요하다 여기는데 모둠원들이 따라오지 않으니까 화가 나는 것이거든요. 내가 열심히 한 만큼 좋은 점수를 받게 된다는 점을 알고 있으면 활동을 할 때 속이 상하지 않습니다. 서럽게 울면서 교사를 찾아올 일이 없게 되죠.

사실 더 큰 효과는, '열의 넘치는 학생'이 '잘 따라오지 않는 학생'에게 짜증을 내지 않게 된다는 점입니다. 수행평가를 굳이 모둠 활동으로 진행하는 이유는 아이들에게 '나와 다른 사람과 무언가를 만들어 가는 경험'을 하게 하기 위함입니다. 그 과정에서 최대한 협력하고 소통할 수 있는 환경을 만들어 주는 것이 교사의 역할입니다. "모둠 활동은 다 그런 거야. 너희끼리 이야기해서 잘 해결해 봐."라며 과제만 던져 주는 일은 무책임합니다. 대부분의 '잘 따라오지 않는 학생'은 이 활동을 하고 싶지 않아서 잘하지 않는 게 아닙니다 (그렇지 않은 경우도 있겠죠……). 어떻게 해야 할지 몰라서 '못'하는 경우가 더 많아요. 활동이 협력적으로 이루어지지 않는 모둠을 향해 "알아서 해."라거나, "넌 왜 안 하는 거야."라고 말하는 건 아무 도움이 되지 않습니다. 다른 모둠원들이 대놓고 특정 학생을 향해 짜증을 낼 수 있는 근거가 될 뿐이죠. "너 때문에 혼났잖아."라는 시선이 꽂혀요.

가장 열정적인 학생에게 가산점을 약속하면서 "모든 학생들이 참여할 수 있게 독려하는 게 너희 역할이야. 한 사람도 소외되지 않

게. 그게 제일 중요하거든. 그거 안 되면 점수 못 줘."라고 말해 주세
요. 누군가가 소외되거나 차가운 시선을 받지 않게 됩니다.

모둠 수행평가를 할 때 모둠 구성을 어떻게 하면 좋을까
요? '망하는 모둠'이 꼭 생기는 것 같아요.

네, 선생님. 그것도 당연합니다. 망하는 모둠, 반드시 생
깁니다. 그렇다고 교사가 학생들을 적절히 배분해서 모둠을 정해
주면 학생들은 또 화를 냅니다. 학생 모두의 마음에 드는 모둠을 만
드는 건, 불가능한 일이죠! 개인적인 역량 부족 때문일 수도 있겠지
만, 저의 경우엔 제가 모둠을 만들어서 활동을 하게 하면 항상 망했
습니다. 학생들이 자꾸 찾아와 불평을 해서요. 그걸 듣고 있자니 수
명이 단축되는 느낌이 들었습니다. 활동 시작 전에도, 진행하는 중
에도, 활동이 다 끝나고 점수가 나오고 나서도, 계속 고통을 받았어
요. 다들 그런 경험 있으시죠? 저희의 직업은 정말이지, 극한 직업
같네요. (눈물)

활동을 하기 전에 모둠 대표 학생을 먼저 정합니다. 이때도 '편집
자'를 정할 때처럼 가산점을 약속하면서 선생님이 계획하신 모둠의
개수만큼 대표를 정하시면 됩니다. 그 후, 대표 학생에게 '조력자'를
선택하게 합니다. 함께 활동을 하고 싶은 학생을 한 명씩 선택해서
영입을 하는 거예요. 조력자가 한 명씩 들어가게 되면 모둠 활동이
'엄청나게' 망해 버리진 않습니다. 이성 친구를 택하게 하는 편을 권

해 드려요. 동성 친구를 선택하게 하면 절친을 선택하는 경우가 많은데, 그렇게 되면 나머지 모둠원 두 명이 소외감을 느끼는 경우가 발생하거든요. '모둠 대표-조력자'를 제외한 다른 학생들은 제비뽑기로 결정합니다. 그러면 유쾌하고 즐겁게 모둠 편성이 끝나게 됩니다. 만세!

지식·정보 도서를 읽기 힘들어하는 학생들이 많습니다.

평소에 책을 많이 읽지 않는 학생들일수록 지식·정보 도서를 잘 읽어 내지 못합니다. 지루하거든요. 독서력이 높지 않은 친구들에게는 소설을 읽히시라 권해 드리지만, 교과나 단원의 특성상 모든 내용을 소설 읽기로 진행할 수는 없죠.

저는 책 읽기와 모둠 토의를 반복하는 방식으로 지식·정보 도서를 읽히고 있습니다. 이런 책들은 여러 개의 장章으로 구성되어 있다는 것이 특징인데요, 학생들에게는 한 시간에 한 장을 읽게 합니다. 그리고 그다음 시간에는 읽은 내용에 대한 모둠 토의를 연이어 진행합니다. 모둠원들과 대화를 나누면 내용이 어려워 이해하지 못한 지점들을 자기 생각에 녹여 낼 수 있게 되거든요. '1장 읽기-1장에 대한 토의-2장 읽기-2장에 대한 토의- … -마지막 장 읽기-마지막 장에 대한 토의'순으로 한 학기를 진행하면 모든 학생이 지식·정보 도서를 읽어 낼 수 있습니다. 또 만세!

어떤 책을 줘도 읽지 않는 학생들이 있다면 어떻게 해야 할까요?

수행평가용 도서(혹은 읽기 자료)를 제시할 때 '상-중-하'로 난이도를 구분해서 제시하는 일이 중요합니다. 고등학생을 대상으로 한 수업이라면, 30%는 중학교 2~3학년 학생들이 읽고 이해할 만한 책을, 30%는 성인 독자의 눈높이에 맞는 책을 목록에 포함하세요. 40%는 그 학령에 맞는 책을 넣으시고요. 난이도를 구분해서 책을 선택하게 하는 일만으로도 책에 관심 없는 친구들의 마음을 움직이는 데 큰 도움이 됩니다.

하지만 난이도를 아무리 구분해 두어도 책 읽기에 전혀 관심을 두지 않는 친구들이 있습니다. 한 학급에 최소 두세 명 정도는 있죠. 너무 노여워하거나 슬퍼하지 마시고, 그 친구들을 위한 책을 따로 준비해서 빌려 주세요. 수업 시간에 책을 읽지 않는 학생이 한두 명 생기는 일이 교실의 분위기에 미치는 영향이 상당히 큽니다. 전원이 책을 펴고 몰두해서 읽는 것과 아닌 것은 꽤 달라요. 그 친구들을 혼내는 일에 힘을 빼앗기기보단 모든 학생들이 집중해서 책을 읽는 분위기를 마련하는 데 공들이시는 편이 훨씬 효율적입니다.

저는 《회색인간》(김동식)과 《축하해》(박금선)를 수업 시간에 들고 들어가서 책 읽기를 영 싫어하는 학생들에게 쥐여 줍니다. 몇 장을 읽고 나면 눈을 떼지 못하고 읽게 되는 책입니다.(고1 기준) 이 책들로도 해결되지 않을 때는, 정말 정말 비장의 무기를 챙겨 가는데요.

웹툰이에요.《오무라이스 잼잼》(조경규)과《야옹이와 흰둥이》(윤필)를 권해 드립니다.*

　저의 역량 문제일 수도 있겠지만, 모든 학생이 100% 만족하는 수업은 없다고 봅니다. 취향과 목적, 눈높이가 다른 사람들이 모였으니까요. 10% 내외의 학생들이 참여하지 않는 일에 대해선 '자연스러운 일이다'라고 여기시며 마음을 다스리는 편이 현명합니다. 학생들에게 화를 내거나, 교사 자신의 능력을 탓하는 일로는 아무것도 해결할 수 없습니다. 그 친구들이 관심을 가질 만한 쉽고 재미있는 책을 가져가(그리고, 저 책들은 모두 나름대로의 의미와 교훈을 가진 책이랍니다!) 소개해 주고 '함께 읽는' 일에 동참하게 만드는 편이 훨씬 도움이 된다고 봐요. 친구들과 나란히 앉아 책장을 넘기며 책을 읽는 그 분위기와 느낌을 경험하게 하는 일, 참 멋지지 않습니까. 창밖에서 기분 좋은 바람이 삭 흘러들어오고요. 선생님도 책을 읽으며 학생 사이사이를 걸어 다니는, 그 평화로운 시간을 함께 경험하는 게 전 더 중요한 것 같아요. 저만 좋은 건가요? 제가 좋으면 됐죠, 뭐. 흐흐.

---

* 학생들에게 소개해 주면 좋을 만한 만화 목록은 물꼬방 누리집의 '추천 도서 목록' 카테고리에서 확인할 수 있다.

그림책으로
되찾은

살아 있는
역사 시간

권은재
풍생고등학교
eunjae12@hanmail.net

스마트폰의 습격,
책과 함께 탈출하다

스물네 살, 대학을 갓 졸업하고 운 좋게도 바로 교단에 설수 있었다. 그때는 역사가 지루한 암기 과목이 아니라 재미있는 옛 날이야기라고, 내가 재미있게 공부한 역사를 아이들도 재미있어 했으면 좋겠다고 생각했다. 자연히 수업은 내용을 잘 구조화해서 전달하는 데 초점이 맞춰져 있었으며, 내 관심은 아이들이 지루해할 쯤 흥미를 끌 만한 이야기와 영상 자료 등을 수집하고 업데이트하는 데 쏠려 있었다. 처음엔 그게 수업의 전부라 생각했었다. 그리고 그렇게 늘어 가는 자료의 용량이 수업에 대한 열정과 노력을 증명해 주기라도 하는 것처럼, 스스로를 '아이들의 눈높이에 맞추기 위해 노력하는 선생님'이라고 여기며 뿌듯해했다.

하지만 점점 시간이 지날수록 수업에 대한 자신감은 사그라들기

063

시작했다. 아무리 잘 구조화하고 재미있는 이야기와 동영상으로 수업을 꽉 채워도 하나둘씩 수업 시간에 엎드려 자는 아이들이 많아졌다. 끝내는 아예 드러누워 하루 종일 잠만 자는 아이들을 어떻게 할 수 없게 되었다. 물론 '스마트폰이 보급되면서 아이들이 밤새 게임을 해서 그렇다' '교권이 낮아져서 그렇다' 등 이유는 많았지만 스스로 느끼는 수업에 대한 한계는 떨쳐 버릴 수가 없었다.

그러던 어느 여름, 심하게 더웠고 모두 지쳐 늘어져 있는 학생들을 어르고 달래는 데 진을 다 빼고 겨우 수업을 시작한 날이었다. 나름 아이들이 흥미를 가질 만한 이야기로 관심을 끌었다고 생각했는데, 어떤 아이가 짜증을 내면서 던진 한마디에 뒤통수를 한 대 얻어맞은 것 같았다. "이거 몰라도 스마트폰 찾아보면 나오는데 왜 해야 하는 거야?"

생각해 보니 그랬다. 역사적 사실은 수없이 많고 교과서에서 다루고 있는 것도 권력에 의해 선택된 사실의 일부인데 아이들이 살아가는 데 무슨 도움이 될까? 물론 이 정도는 상식이라고 할 수 있지만 그런 상식은 누가 정한 것일까? 결국 시험을 위한 수업을 하고 있는 것은 아닐까? 그렇다면 나의 수업이 아이들에게 과연 어떠한 의미가 있을까? 꼬리에 꼬리를 물고 의문이 들었다. 이대로는 아닌 것 같았다. 마음이 답답해져 왔다. 이런저런 생각을 했지만 그 끝은 결국 '나는 무엇을 수업에 담고 싶은 것일까?'에 대한 고민이었다.

수업에 대한 한계가 극에 달할 때쯤 학교 가는 것이 두려워졌다.

나름 아이들이 흥미를 가질
만한 이야기로 관심을
끌었다고 생각했는데,
어떤 아이가 짜증을 내면서
던진 한마디에 뒤통수를
한 대 얻어맞은 것 같았다.

"이거 몰라도 스마트폰
찾아보면 나오는데 왜 해야
하는 거야?"

상황을 바꿀 수 있는 방법이 도저히 떠오르지 않았다. 하지만 학교 안에서는 이런 고민을 함께할 수 있는 사람이 아무도 없었다. 지푸라기라도 잡고 싶은 심정으로 온갖 공문을 다 뒤져 연수란 연수는 모조리 신청했고 그렇게 학교 밖을 헤맸다. 그러던 중 경기도중등독서교육연구회(이하 연구회) 성남지회와 만날 수 있었고 책을 통해 함께 고민하고 공감했던 선생님들과의 소중한 인연으로 답답했던 마음을 위로받고 수업에서의 돌파구도 찾게 되었다.

실학자 이덕무는 추워도 배가 고파도 몸이 아파도 슬퍼도 책을 손에서 놓지 않았다고 한다. 책 속에는 희로애락이 모두 있어서 책을 보며 고난을 극복할 수 있는 힘을 찾았다는 것이다. 책 안에는 다양한 삶의 이야기가 고스란히 들어 있고, 역사는 삶에 대한 이야기다. 역사 시간에 책을 읽는다면 배경이 되는 역사적 사실뿐 아니라 같은 상황에서도 다른 선택과 행동을 하는 여러 사람들에 대해 스스로 생각해 볼 수 있다. 그리고 그들의 입장에 공감하고 이해할 수 있다. 그렇다. '책'이었다!

그러나 막상 아이들과 함께 책을 읽으려니 걱정이 앞섰다. 역사 시간에 왜 책을 읽냐고 퉁명스레 되묻는다면 어떻게 대답해야 할지, 책을 어려워하거나 자기 생각을 표현하기 힘들어하는 아이들에겐 어떻게 다가갈지 고민했다. 하지만 내가 책을 통해 경험한 변화를 아이들과 꼭 나누고 싶었다. 이럴 땐 덮어 놓고 질러 보는 성격이 참 고맙다. 그렇게 좌충우돌 나의 '역사 시간에 책 읽기'가 시작되었다.

나의 첫 그림책 수업
_ 하켄크로이츠를 그린 아이를 위하여

　　6년을 고등학교에서 근무하다가 중학교에서 근무하게 된 첫해는, 한마디로 '멘붕'이었다. 아이들은 말도 많고 탈도 많았다. 하루에도 열두 번씩 서로를 고자질하기 바쁘고 똑같은 이야기를 수도 없이 해도 또다시 물었다. 진도는 물론이거니와 역사를 가르치는 내가 무엇을 해야 하는지 혼란스러웠다. 아이들과 함께 이야기하는 법도 몰랐다. 그렇게 서로가 서로를 이해하지 못한 채 수업은 허공을 맴돌았다.

　하루는 3학년 학생들과 함께 제2차 세계대전 중에 일어났던 홀로코스트를 이야기하기 위해 《안네의 일기》를 읽었다. 요즘 아이들은 전쟁을 영화나 게임으로만 접했기 때문에 진짜 전쟁이 얼마나 무서운지, 그 비극이 어느 정도인지 알지 못한다. 심지어 남북으로 분단되어 휴전 중인 상황인데도 전쟁이 일어났으면 재미있을 것 같다는 말을 너무 쉽게 한다. 이런 철부지들에게는 그 어떤 말보다 당시에 살았던 또래 아이의 이야기에 더 많이 공감할 수 있을 것이라 생각했다. 수준을 생각해서 부분 발췌를 했고 20자평만 간단히 적게 했다. 많은 학생들이 안네를 걱정하고 안타깝다는 글을 썼다. 하지만 그것은 그냥 표면적인 반응이었을 뿐, 아이들은 각자의 머릿속에 자신의 생각을 구축하고 자신의 방식으로 표현하고 있었다.

"선생님! 여기 보세요. 여기 일베 있어요!"

수업이 끝나는 종이 울리고 왁자지껄하는 틈 속에서 한 아이를 다른 아이들이 둘러싸고 있었다. 무슨 일인가 하고 다가가 보니 히틀러를 찬양하는 짤막한 글과 함께 하켄크로이츠가 큼지막하게 그려져 있었다. 순간, 어지러운 느낌이 들었다. 다른 아이들의 말처럼 그 아이가 '일베'여서가 아니었다. '난 무엇을 한 것일까?'라는 생각이 들어서였다. 나름 많은 영상 자료를 준비했고 아이들의 반응도 만족스러웠다. 그렇지만 수업은 내 의도와 상관없이 그저 히틀러에 대한 이미지만을 부각시켰을 뿐 그 이상도 이하도 아니었다. 내 마음은 그 아이의 큼지막한 하켄크로이츠에게 짓눌려 한없이 찌그러져 버렸다.

아이의 생각이 궁금했다. 비난하는 뉘앙스로 들릴까 봐 한 마디 한 마디 고민하면서 조심스럽게 물어봤다. 그런데 아이는 아무렇지도 않게 "인터넷에서 봤어요. 그게 잘못인가요?"라고 반문했다. 안타까웠다. 이런 아이들은 기본적으로 세상에 관심이 많다. 그래서 무엇이든지 관심 있게 보고 찾아보고 스스로 습득한다. 하지만 인터넷과 매체의 발달로 무분별하게 쏟아지는 정보를 무비판적으로 받아들이면서 자기 입맛에 맞는 정보만을 접하기 쉽다. 빅 데이터가 로그를 분석해 개개인에게 맞춤형 정보를 제공한다지만, 다양한 관점을 제한하고 편협한 관점만을 제공할 수 있다는 한계가 있다. 결국 아이는 다른 사람의 상황을 이해하고 공감해야 함에도 불구하고 자신의 울타리에 갇혀 생각을 고집하다가 소위 일베(?)라는 이름으로 낙인찍히게 된다.

아이에게 《안네의 일기》는 자신과 전혀 상관없는 시대와 공간에서 살았던 여자아이의 재미없는 이야기일 뿐이었다. 또래 아이에게 공감할 것이라는 나의 생각은 멋지게 빗나갔다. 또래라는 공통점에만 치우쳐 우리 아이들이 남자아이라는 것을 간과한 나의 치명적인 실수였다. 중학교 남학생에겐 차라리 연설로 많은 사람들을 선동해서 전쟁을 일으키고 세계를 지배하려 했던 히틀러의 모습이 더 인상적이었던 것이다.

아이와 대화를 하고 싶었다. 여러 날 동안 내 머릿속에는 '아이와 어떻게 대화를 할까?'라는 생각으로 가득 차 있었다. 그러다 문득 독서치료 연수에서 아이들과 소통하는 도구로 사용했던 그림책이 떠올랐다. 무엇에 홀린 듯 그림책을 찾았다. 역사 그림책은 생각보다 많지 않지만 평화 그림책은 손쉽게 찾을 수 있었다. 어린이 도서관을 이 잡듯이 뒤져서 평화를 주제로 하는 그림책은 모두 읽어 봤다. 어둡고 막막했던 마음에 조금씩 빛이 비치는 것 같았다. 이때 찾은 그림책이 바로 《곰이와 오푼돌이 아저씨》(권정생)다. '곰이'와 '오푼돌이 아저씨'는 6·25 전쟁 때 죽은 영혼으로, 죽을 때 입은 상처가 그대로 남아 있다. 아저씨는 북에 두고 온 가족을 잊지 못해 안타까워하면서 아홉 살 곰이에게 우리나라의 분단 상황을 '해와 달이 된 오누이' 이야기에 빗대 이야기한다. 할머니를 잡아먹은 호랑이 두 마리가 오두막집의 앞문과 뒷문에 나타나 방 안에 있는 오누이에게 서로 거짓말을 한다. 호랑이에게 속은 해순이와 달순이는 서로 다투다가 결국 앞뒷문을 열어 주고, 두 호랑이는 오누이를 물고 멀리 달아난다. 어떤 전쟁이든 전쟁의 이유와 책임에는 이견이 있을 수 있지만, 전쟁의 비극에는 이견이 없다. 전쟁의 비극에 함께 공감하기 위해서는 우리나라에서 일어난 6 · 25 전쟁이 아이에게 더 쉽게 다가갈 수 있을 것이라 생각했다.

그림책 표지만 가지고도 아이와 함께 한참을 이야기할 수 있었다. 아이는 어두운 갈색을 배경으로 소년과 아저씨가 어딘가를 바라보는 그림이 전체적으로 우울한 분위기를 자아내고 있어 내용이 썩 재미있을 것 같지 않다고 했다. 하지만 같이 읽어 보자는 권유에 선뜻 웃으며 짧으니까 좋다면서 책장을 넘기기 시작했다. 아이는 천천히 시간을 들여 책을 읽었다. 책장을 넘기는 아이의 표정이 사뭇 진지했다. 문득 아이의 생각이 궁금해져 함께 이야기를 하기 전에 글을 쓰게 했다.

6·25 전쟁은 알고 있었지만 곰이와 오푼돌이 아저씨의 이야기를 보고 나니 기분이 조금 이상했다. 나는 전쟁 게임을 좋아한다. 그리고 전쟁에서 승리한 장군들이 멋있다고 생각했다. 그런데 그림책을 읽고 나니 전쟁으로 피해를 입은 사람들이 불쌍했다. 그리고 궁금했다. 오누이는 호랑이한테 속지 않으려고 서로 다투다가 결국 잡아먹히는데, 호

히틀러를 전쟁 영웅으로 잘못 알고 찬양하면서 그저 전쟁 게임에만 빠져 있는 아이라 생각했던 나의 선입견은 보기 좋게 깨졌다. 아이는 다만 표현하는 방식이 거칠고, 전쟁을 내 주변에서 일어난 나와 관련된 이야기로 공감하지 못했을 뿐이었다. 그림책을 보면서 아이는 스스로 곰이가 되어 잃어버린 가족을 생각하고 있었다. 그리고 전쟁이 일어난 것을 안타까워하면서 호랑이에 대해 고민했다. 아이의 글을 보고 너무 고마운 마음에 순간 안아 주고 싶었다. 아이가 내 마음을 알아준 것 같았다. 나는 아이가 스스로 생각한 것을 많이 칭찬해 줬고, 호랑이가 무엇을 의미하는지에 대해 서로 이야기를 나눴다. 나의 첫 그림책 수업이었다.

《꽃할머니》와 《나무 도장》
_ 따뜻한 봄날에도 쓸쓸함을 읽을 수 있도록

그림책 수업은 표지부터 시작한다. 아이들에게는 무엇이 보이는지, 어떤 느낌이 드는지 말하고 무슨 내용일지 상상해 보게 한다. 책을 보자고 하면 소리부터 지르는 아이들이지만, 그림이 그려진 얇은 책을 가지고 질문을 던지기 시작하면 관심 없던 아이들까지도 한 번씩은 쳐다본다. 처음에는 익숙하지 않아서 단답식으로 대답하다가 익숙해지고 나면 종알대기 좋아하는 아이들은 쉴 새 없이 많은 이야기를 늘어놓는다. 어떤 아이는 표지를 보고 즉흥적으로 이야기를 만들어 모두를 깜짝 놀라게 한 적도 있었다.

표지 그림으로 시끌벅적하게 수다를 떨고 나면 한 모둠에 같은 책을 한 권씩 주고 서로에게 읽어 주게 한다. 아이들이 너무 어색해하면 내가 먼저 동화를 구연하는 것처럼 그림책을 읽어 주기도 했다. 처음에는 손발이 오그라든다면서 소리 지르고 야유를 보내는 아이들에게 더 과장해서 읽어 주면 조금씩 야유가 잦아들고 내용에 집중하게 된다. 어색함이 풀리면 자기들만의 방법으로 책을 읽기 시작한다. 한 장씩 돌아가면서 읽는 아이들에서부터 여러 명이 각자의 역할을 맡아서 대사를 읽는 아이들까지, 종알거리며 책에 집중하는 모습이 참으로 귀엽다.

책을 읽고 나면 개인 학습지 한 장, 모둠 학습지 한 장을 주고 작성하게 한다. 개인 학습지에는 책 이름과 책에 대한 간단한 소개, 인상에 남는 구절을 쓰고 책을 통해 알게 된 부분, 이해가 되지 않거나 궁금한 부분을 생각해 보도록 유도한다. 모둠 학습지는 중심 단어를 주고 마인드맵 형식으로 스토리를 만들게 했다. 마지막에는 중심 단어에 대한 생각을 한 문장으로 정리하도록 한다.

이렇게 함께 읽은 첫 번째 그림책은 일본군 '위안부' 피해자인 심달연 할머니의 증언을 토대로 만들어진 《꽃할머니》(권윤덕)였다. 할머니는 1940년 무렵 태평양 전쟁 때 열세 살의 나이로 일본군에게 끌려가 이루 말할 수 없는 고초를 겪었다. 전쟁이 끝난 뒤에는 버려진 채 떠돌다가 누군가의 손에 이끌려 고국으로 돌아왔지만, 몸과 마음이 망가질 대로 망가져 기억조차 잃어버린 채 수십 년의 세월을 보냈다. 표지에는 꽃할머니의 꿈 많던 어린 시절과 할머니가 좋아하는 꽃이 큼지막하게 겹쳐 있다.

'위안부' 피해자의 존재를 모르는 아이들은 한 명도 없다. 하지만 한참 성性에 대한 호기심이 많은 중학생 아이들의 관심은 다른 곳에 있는 경우가 더 많다. 할머니들의 상황을 이해하기에는 직접적인 증언이 가장 정확하지만 아이들은 할머니의 이야기를 집중해서 듣기 힘들어한다. 그리고 계속 쓸데없는 질문을 쏟아 내기 일쑤다. 《꽃할머니》는 직접적인 증언을 바탕으로 한 그림책이라는 점에서 수업에 아주 적합했다.

표지를 보자마자 아이들은 확신에 찬 목소리로 외쳤다. "유관순이다!" 역시 아이들은 내 고정관념을 뒤흔들곤 했다. 솔직히 생각지도 않았는데 아이들의 대답을 듣고 나니 속으로 웃음이 나왔다. 당연히 내용은 유관순 할머니 이야기로 흘러갔고 한 편의 소설이 벌써 만들어지고 있었다. 처음에는 당황스러웠지만 상관없다고 생각했다. 책이라면 몸서리치는 아이들이 나름 친근한(?) 유관순 할머니로 인해 그림책에 관심을 가질 수 있다면 생각한 것과 다른 '위안부' 할머니 이야기라도 그리 나쁘지 않을 테니 말이다.

아이들은 생각보다 열심히 책을 읽었다. 그러자 수업에 관심 없던 아이들도 알록달록 그림책에는 관심을 보였다. 무엇보다 아이들의 눈길을 사로잡은 것은 세계 위안소 위치를 나타낸 지도와 위안소 규칙이 적혀 있는 부분이었다. 이곳저곳에서 저마다의 감정을 담은 짧은 감탄사가 터져 나올 때였다.

"선생님! 이거 실화예요?"

우리 학교 축구부에서 훈련을 하다 부상으로 축구를 그만두게 된 아이였다. 이 아이는 수업에 영 흥미가 없었다. 에너지가 넘쳐 한시도 가만히 있지 못하고 돌아다니면서 다른 아이들에게 딴지를 걸기 일쑤였다. 그런데 그날은 달랐다. 다른 아이들을 방해만 안 해도 고마울 정도인데, 책에 관심을 보이다니!

책에는 할머니들이 있는 곳을 나타낸 지도가 있었다. 위안소가 이렇게 많이 있었고 모두 일본군 위안부였다는 사실에 놀랐다. 그리고 위안소 규칙을 보고는 정말 화가 났다. 그때 일본군이 버리고 간 할머니들은 지금도 세계 곳곳에 살아 계신다. 꽃할머니는 끌려갔을 때도 버티기 힘들 정도로 힘들었지만 전쟁이 끝나서도 끊임없이 괴롭히는 과거에 더 힘들어하셨다. 그런데 꽃할머니가 겪은 아픔은 우리나라 말고도 베트남에서도 보스니아에서도 이어졌고 콩고와 이라크에서 되풀이되고 있다고 한다. 지금 우리나라에는 위안부 할머니가 몇 분 안 계신다. 그분들에게 잘해드리고 도와드려야 우리의 아픈 역사인 위안부 문제를 기억할 수 있고 극복할 수 있다고 생각한다. 그리고 우리 모두가 위안부 문제에 대해 잘 알아야 일본의 잘못된 점을 지적하고 사과를 받아 낼 수 있다고 생각한다. 위안부 할머니들을 도와드리는 단체를 찾아서 어떻게 도와드릴 수 있을지 알아봐야겠다. **3학년 정○○**

아이는 세계 위안소 지도를 샅샅이 살펴 '위안부' 문제가 베트남과 보스니아, 콩고와 이라크에서도 일어났다는 것을 스스로 찾아냈을 뿐 아니라, '위안부' 문제를 해결하기 위한 방법까지 생각했다. 이렇게 기특할 수 없었다.

그동안은 수업 시간에 수행평가로 독서록을 쓰게 하면서 아이들이 책을 읽은 후 당시의 상황을 이해하고 공감하기를 바랐으나, 읽지 않는 학생들을 끌어들이기에는 분명 한계가 있었다. 하지만 짤막한 글과 풍부한 메시지를 담은 그림책은 모든 아이들이 읽었다. 또한 각기 다른 언어지만 감정이 고스란히 느껴지는 글까지 쓸 수 있었다. 《꽃할머니》는 역사적 사건에 대해 공감할 수 있는 능력을 키울 수 있다는 점에서 소중한 그림책이었다.

두 번째 그림책은 권윤덕 작가가 3년 동안 제주 곳곳의 4 · 3 유적지를 돌아다니며 관련 자료를 모으고 당시 목격자를 인터뷰해서 만든 《나무 도장》(권윤덕)이다. 제주 4 · 3 사건은 1947년 3월 '관덕정 발포 사건' 이후 1954년 9월 '한라산 금족령 해지' 때까지 제주 인구 10명 중 1명이 넘는(2만 5,000명 이상) 주민들이 빨갱이라는 이유로 희생된 사건이다. 제주 4 · 3 사건은 2000년 1월에 가서야 제주 4 · 3 특별법이 제정 · 공포되면서 정부 차원의 진상 조사가 이루어졌다. 그리고 2003년 10월 노무현 대통령이 국가권력에 의해 제주도민이 희생된 것을 인정하고 사과하면서, 55년이 지나서야 덧없이 죽어 간 영혼들이 폭도가 아니라 양민이었음이 확인되었다.

이 사건은 교과서에도 실려 있지만 실제 수업에서 비중 있게 다루어지는 부분은 아니었다. 나 역시도 처음에는《꽃할머니》를 쓴 작가의 또 다른 작품이라《나무 도장》을 읽은 것이었고 이를 수업에 활용하기 위해 제주 4 · 3 사건에 관심을 갖게 되었다. 역사 그림책이 많지 않아 그림책과 관련된 역사적 사실을 바탕으로 수업을 구성할 수밖에 없었던 터라, 이런 보물 같은 그림책을 만나니 새로운 수업을 할 수 있다는 생각에 마음이 설렜다. 허구가 아니라 작가 스스로 수집한 역사적 자료를 바탕으로 만든 그림책인《나무 도장》은 아이들이 당시 사람들의 상황을 이해하고 공감하는 것뿐 아니라 관련된 역사적 사실에도 관심을 갖기를 바랐던 내 의도와 정확하게 부합했다.

이 책의 주인공인 열세 살 소녀 시리는 어머니를 따라간 동굴에서 10여 년 전 이야기를 듣게 된다. 어느 날 토벌에 나섰던 어머니의 동생이 동굴 속에 숨은 주민들을 밭담 앞으로 끌고 가 사살했는데, 그중 한 여인이 품에 안고 있던 어린아이가 잊히지 않아 죽은 어미의 치마폭에 싸여 있는 아이(시리)를 데려왔다는 가슴 아픈 고백이다. 표지에는 한라산이 보이는 제주의 따뜻한 봄날을 배경으로 아이와 어머니가 함께 대화를 나누고 있다.

표지를 보여 주자 어떤 아이들은 쓸쓸한 느낌이 든다고 했다. 다른 아이들은 따뜻한 봄날이라고 했는데 왜 그렇게 느꼈느냐고 물었더니, 나뭇가지가 앙상하고 뒤에 있는 한라산에 눈이 쌓여 있기 때문에 겨울이라는 것이었다. 그 이야기를 들은 다른 아이가 순간 손뼉을 치면서 "차가운 겨울이 지나고 따뜻한 봄이 오는 걸로 봐서 희망을 이야기하는 내용인 건가요?"라고 되물었다. 아이들은 그림 하나를 봐도 상상력이 하늘을 찔렀다.

《나무 도장》에서 아이들이 가장 인상에 남았다고 꼽은 구절은 '어머니, 빨갱이가 뭐예요? 그럼 저도 빨갱이예요?'라는 부분이었다. 아이는 어른의 거울이라는 말이 새삼 와닿았다. 많은 아이들이 대화를 하다 자기와 다른 생각을 가진 아이에게 습관적으로 던지는 말이 "너 빨갱이냐?"라는 말이기 때문이었다. 정확한 뜻도 모르면서 하루가 멀다 하고 종북이니, 빨갱이니, 좌파니 하며 어른들이 정치적 상황을 두고 한 말을 듣고 따라 하는 아이들 앞에서 그동안 나는 침묵했다. 이 모든 것을 이해하기엔 너무 어리다는 생각에서였다. 그러나 아이들은 나의 생각이 틀렸다는 것을 증명하듯 자신의 생각을 너무나 분명하게 표현했다.

"시리는 11년 전 어머니 품에 매달려 나갔던 그 길을 다시 걸어 나갔다. 자유로운 나라, 모두 잘 사는 세상을 꿈꾸었다. 새로운 꿈도 함께 들어온다." 그림책의 마지막 쪽을 인용한 아이는 제주 4 · 3 사건에서 빨갱이로 몰린 사람들은 남한의 단독 정부 수립을 반대한 것뿐인데 국가가 재판도 없이 무력으로 진압하고 학살했다는 것이 말도 안 되는 일이라면서 소수의 의견이 존중되고 인정받는 세상이 필요하다고 썼다. 또 다른 아이는 죽은 사람 대부분이 죄 없는 민간인이라는 점에서 제주 4 · 3 사건이 일제강점기 때 일본군이 죄 없는 우리나라 사람들을 학살한 간도참변과 비슷하다고 지적했다. 그러면서 '일본은 우리나라 사람들이 독립운동을 했기 때문에 본보기로 학살했지만 이승만 정부는 왜 같은 민족끼리 다른 이념을 가졌다는 이유만으로 죄 없는 사람들을 죽였을까? 이승만 정부의 의도와 목적은 무엇일까?'라는 의문을 갖기도 했다. 군인들이 제주 4 · 3 사건 진압을 거부하며 일어난 여수 · 순천 사건에 관심을 갖게 된 아이도 있었다.

아이들은 그림책을 보고 당시 살해당한 사람들에게 공감했을 뿐만 아니라 이런 일이 일어나게 된 배경을 다른 사건과 비교하면서 스스로 의문을 제기했다. 중학교에서 수업이 힘들 때마다 아이들이 어려서 그런 거라며 스스로를 위로했던 것이 부끄러워졌다. 그동안 나는 아이들을 진심으로 이해하려 하지 않고 내 기준에 맞춰 판단하기만 했다는 것을 인정해야 하는 순간이었다. 그렇게 내 눈을 가리고 있던 색안경을 벗어 버리자 아이들의 새로운 모습이 보이기 시작했다.

나도 모르게
눈물이 났다

민짬뽕. 그 아이의 별명이었다. 말수가 워낙 적어서 처음에는 소극적인 아이려니 했다. 하지만 아이들이 부르는 별명에 이유가 있을 것 같아 물어보니 어머니가 조선족이고 중국에서 살다 온 학생이라고 했다. 하지만 서로 말을 하기 전까지는 전혀 그 사실을 알지 못할 정도로 학업에는 별 무리가 없었다.

어느 날, 아이가 교무실에 찾아왔다. 그제야 아이들에게 왜 놀림을 받는지 이해할 수 있었다. 아이의 말투에는 조금은 독특한 억양이 물씬 묻어 있었던 것이다. 아이는 조심스럽게 책을 빌려 가고 싶다고 말했다. 나름 책을 활용해서 수업한답시고 항상 많은 책들이 책상에 어지럽게 널려 있었고 아이들이 가끔씩 책을 빌리기도 했었기 때문에 언제든지 빌려 가도 좋다고 했다. 아이는 신중하게 책을 고르더니 책 두 권을 빌려 갔다.

그렇게 별일 없이 시간이 지나갔다. 학기 말 생활기록부를 작성하기 위해 모두가 정신없이 바쁜 시간, 담임 선생님께서 그 아이의 독서록을 가지고 오셔서 항상 위축되어 있는 모습이라 신경이 많이 쓰이는 아이였는데 이렇게 글을 잘 쓰는지 몰랐다며 감탄을 하셨다.

《지슬》을 읽고서 제주 4·3 사건에 대해 더 잘 알게 되었다. 역사 시간에 《나무 도장》이라는 그림책을 보고 제주 4·3 사건에 관심을 갖게 되었는데 마침 만화책이 있어서 쉽게 읽을 수 있었다. 제주 4·3 사건은 1948년 4월 3일에서 1954년 9월 21일까지 제주에서 발생한 학살 사건이다. 군인들이 이유 없이 제주도민들을 빨갱이라고 하면서 학살한 것이 이해가 되지 않는다. 같은 사람끼리 잘못한 것도 없는데 죽일 수 있다니 이념이라는 것이 무서웠다. '제주도 사람들은 전쟁 중에 많은 고통을 느낀다. 동굴 안에서 남이 죽었다고 아는 진실의 고통 그리고 억울하게 죽는 고통'이라는 글을 볼 때는 나도 모르게 눈물이 났다. 자기와 생각이 다르다고 많은 사람들이 억울하게 죽임을 당하는 나라가 아닌 다른 사람들의 생각을 인정하고 서로 화합하며 소통할 수 있는 나라가 되었으면 좋겠다. **2학년 민○○**

《오월에도 눈이 올까요?》를 읽고 광주에서 일어난 민주화 운동으로 인해 지금 우리가 이렇게 자유롭게 생활할 수 있게 되었다는 것을 알게 되었다. 군인들이 나쁜 일이라는 걸 알면서도 단지 상부의 명령 때문에 많은 사람을 죽일 수 있다는 것이 놀라웠다. 인권에 대해 다시 생각하게 되었고 인권을 지키기 위한 노력에 대해 생각해 봤다. … 특히 이 책을 읽게 된 이유가 있다. 오월은 봄인데 겨울에 오는 눈이 오월에 내리는 이유가 무엇일지 궁금했기 때문이다. 이 책의 제목에 있는 눈은 실제로 겨울에 내리는 눈이 아니고 희생된 많은 사람들의 마음속에 있는 상처들을 덮어 주고 그분들의 마음을 헤아려 애도하는 것이라 생각한다. 5·18 민주화 운동을 다시 한 번 마음에 깊이 간직하고 더 나은 대한민국을 위해 힘써 주신 광주 시민들께 감사하게 되었다. **2학년 민○○**

아이들은 생각지도 않은 곳에서 감동을 준다. 처음에는 그저 아이들과 함께 책을 읽고 싶었고 다음에는 아이들과 이야기하고 싶어서 그림책을 꺼냈다. 많은 시행착오 끝에 시작한 수업인데 아이들은 스스로 많은 것을 생각하고 말없이 변화하고 있었다.

초임 시절 교감 선생님께서는 항상 '수업은 교사의 질을 능가하지 못한다'고 말씀하셨다. 그때의 나는 이렇게 생각했다. 교사의 질은 수업 장악력에 달려 있고, 그 기준은 수업 시간에 자는 아이들이 한 명도 없는 것이라고. 그래서 열정적인 목소리와 제스처 그리고 간간이 아이들을 깨울 동영상을 미끼(?)로 수업을 했었다. 하지만 이제는 안다. 교사의 질은 수업 장악력이 아니라 아이들을 믿고 기다리는 마음에 있다는 것을. 그동안 나는 아이들의 가능성을 믿지 않았고 아이들의 변화를 기다리지 못했다. 그러나 그림책을 통해 아이들과 소통하기 시작하면서 이 순간에도 성장하고 있는 아이들의 무한한 가능성을 믿게 되었다. 그리고 지금은 아이들의 변화를 천천히 기다리는 중이다.

《평화의 소녀상》과《오늘은 5월 18일》
_ 역사의 주인공이 될 아이들을 생각하며

　　　　　생각지도 않게 2년 만에 다시 고등학교로 옮기게 되었다. 이제 막 그림책을 활용한 수업에 재미를 붙이고 있던 터라 중학교에 더 있고 싶은 욕심이 컸으나, 상황은 이를 허락하지 않았다. 그렇게 겨울방학이 지나고 새 학기가 시작되는 2017년 3월까지도 수업에 대한 고민을 계속했다. 중학교에서는 그림책을 통해 아이들과 이야기하고 소통하고 싶었다. 그 과정에서 아이들이 역사에 흥미를 갖고 공감하며 역사를 지금의 나와 동떨어진 이야기가 아닌 함께하는 이야기로 여기기를 바랐다. 그러나 고등학교에서는 달라야 했다.

　　"선생님, 시험에 나오나요?" "수행평가인가요?"라고 물을 정도로 강의식 수업과 표준화된 시험이 당연한 아이들에게, 수업의 내용보다는 평가가 중요한 아이들에게, 그림책 수업이 과연 가능할까? 한국사가 수능 필수 과목인 상황에서 입시를 위한 진도를 무시할 수 없었고 평가 방법에 대한 고민도 필요했다. 여러 고민 끝에 생활기록부의 교과세부능력 특기사항을 한껏 활용하고자 마음먹고, 매 수업 시간마다 읽기 자료와 함께 생각할 문제를 주고 글을 쓰게 했다. 처음에는 생각을 글로 표현하기 힘들어하는 아이들이 대부분이라 편하게 친구들과 이야기하는 시간을 주고 자신의 생각을 보충해 나가도록 했다. 그렇게 한 학기가 지나자 처음에는 세 줄도 쓰기 힘들어하던 아이들이 나중에는 짤막하지만 자신의 생각을 표현하는 데 익숙해져 갔다.

새로운 수업을 준비할 때 가장 중요한 점은 아이들에게 기존의 수업보다 새로운 수업이 필요하다고 공감하게 만드는 것이다. 그래야 수업을 지속적으로 끌고 나갈 수 있기 때문이다. 나는 글쓰기를 통해 역사란 사실 그 자체를 있는 그대로 받아들이고 암기해야 하는 '과목'이 아니라, 여러 가지 상황에서 복합적으로 일어나는 '인간의 활동'으로서 각자의 입장에 따라 다르게 보일 수 있다는 점을 아이들에게 알려 주고 싶었다. 그리고 이러한 생각의 변화가 우선되어야 그림책을 보여 주고 읽자고 했을 때 아이들이 거부감 없이 따라올 수 있다고 생각했다.

애초부터 짧은 시간에 되리라 기대하지 않았다. 최대한 느긋하게 마음을 먹고 긴 호흡으로 끊임없이 아이들과 생각할 문제에 대해 이야기했다. 마음이 조급해질수록 아이들에게서 조금이라도 변화하는 모습을 찾으려 노력했고, 그렇게 스스로를 다독이면서 1학기가 지나갔다.

여름방학이 지나고, 2학기에는 본격적으로 그림책을 활용해 보리라 작심을 하고 수업에 들어갔다. 그림책의 장점은 교사인 내가 무엇을 설명하지 않아도 아이들이 책을 읽으면서 스스로 역사적 사건과 인물의 의미에 대해 느끼고 생각할 수 있다는 것이다. 그래서 특히 역사적 관점을 두고 논란이 있을 수 있는 근현대사 수업에 활

083

용하기 적합하다. 또한 주제별로 내용을 재구성하기 쉽기 때문에 책을 선정하기도 수월하다.

공교롭게도 2017년은 우리 역사에 있어 다사다난한 한 해였다. 촛불 집회로 온 나라가 들썩였을 뿐 아니라 결국 한 나라의 대통령이 탄핵되고 새 정부가 들어섰다. 하지만 여전히 우리 사회에는 태극기니 촛불이니 하면서 서로에 대한 앙금이 남아 있었다. 이러한 상황에서 우리는 현대사에 어떻게 접근해야 할까? 역사에 중요하게 남을 한 페이지를 살아가고 있는 아이들에게 역사의 주인공으로서 스스로 생각할 수 있는 시간을 주고 싶었다. 때마침 그해 여름, 2015년에 체결된 한·일 '위안부' 합의에 대한 전면 재검토가 이루어지면서 언론들이 '평화의 소녀상' 철거가 포함되어 있는 한·일 '위안부' 이면 합의에 대한 내용을 연일 보도하기 시작했다. 학생회 아이들은 교복에 노란색 나비 모양의 '위안부' 후원 배지를 달고 캠페인 활동을 벌였다. 누가 시키지도 않았는데 아이들이 스스로 '위안부' 문제에 관심을 가지니 의아하기도 하고 신기하기도 했다. 한편으로는 '때가 왔군' 하고 생각하며 회심의 미소를 지었다. '위안부' 후원 배지를 달고 캠페인 활동을 벌이면서도 학교와 가까운 성남시청에 평화의 소녀상이 있다는 사실을 아는 학생은 드물다. '아는 만큼 보이고 보이는 만큼 느낀다'는 말이 있듯이 우선은 아이들에게 평화의 소녀상에 대해 알리는 것이 중요하다고 생각했다.

그래서 첫 번째로 선정한 그림책이 윤문영 작가의《평화의 소녀상》이다. 평화의 소녀상은 2011년 12월 14일, 1,000번째 '위안부' 수요 집회를 맞아 일본 대사관 앞에 세워졌다. 일본 정부의 반성을 촉구하는 한편, 일본군 '위안부' 문제가 전 세계의 문제이고 다시는 이런 역사가 반복되지 않아야 한다는 평화의 메시지를 전하기 위해서다. 그림책에는 평화의 소녀상의 각 부분이 의미하는 바가 그림과 글로 표현되어 있고, 영문까지 함께 적혀 있다.

두 번째 그림책으로는 서진선 작가의 《오늘은 5월 18일》을 선정했다. 한 아이가 겪었던 개인적인 경험을 통해 저 멀리 그저 역사적 사건으로만 존재하는 5·18 민주화 운동을 우리 모두가 겪을 수 있는 일로 이해하고, 어쩌면 지금도 진행되고 있을 국가의 폭력에 대해 생각해 보게 하는 그림책이기 때문이다.

수업은 총 3차시에 걸쳐 진행했다. 1차시에는 그림책을 읽고 질문 게임을 했고, 2차시는 책 내용과 관련해 모둠별로 '생각할 문제'를 만들고 이에 대해 토론하는 방식으로 진행했다. 3차시에는 자신의 생각을 포스트잇에 적고 토론한 뒤 토론한 내용을 간단한 그림으로 표현하고 발표하는 시간을 가졌다.

고등학교에서
그림책 읽는 법

그림책은 줄글과 달리 그림이 많고 내용이 짤막하기 때문에 책을 꼼꼼히 읽게 하고 싶었다. 처음에는 함께 책을 읽고 개인 학습지를 작성하게 했는데, 많은 아이들이 어느 한 부분만 쓱 본 후 대충 자신의 생각을 끄적거리고 말았다. 고민 끝에 첫 시간에는 책 내용을 바탕으로 질문을 만들고 함께 게임을 하기로 했다. 모둠은 총 4명으로 구성하고 개인별로 질문을 두 개씩 만들어 모둠별로 총 7개의 질문을 모으게 했다. 질문이 8개가 아니라 7개인 이유는 겹치거나 질문을 만들기 힘들어하는 아이들을 위한 나름의 배려(?)였다. 이후 각 모둠에서 한 명씩 나와 문제를 내면 나머지 학생들이 답을 맞힌다. 이때 학생들의 적극적인 참여를 유도하기 위해 답을 맞히는 모둠뿐 아니라 문제를 내는 모둠에도 점수를 부여했다. 답은 몰라도 어떤 문제든 문제를 내면 점수를 받을 수 있기 때문에 나중에는 너도나도 문제를 내기 위해 그림 귀퉁이에 있는 작은 글씨까지도 샅샅이 살피고 읽었다. 질문 게임은 항상 시끌벅적 소란하지만 아이들에게 신나는 경험이었고 질문 게임이 하고 싶어서 그림책을 읽자는 아이들이 있을 정도로 대성공을 거두었다.

질문은 간단한 단답식으로 작성한다. '그림책을 쓴 작가 이름은?'과 같은 가장 기초적인 질문부터 책을 꼼꼼하게 읽지 않으면 대답할 수 없는 질문까지, 아이들은 내가 생각하는 것 이상으로 많은 문제를 만들어 냈다. 지도에 표시된 소녀상을 모두 세어 봐야 평화의 소녀상이 총 몇 개인지 맞힐 수 있고, 본문이 아니라 그림에 그려진 교과서의 학년을 바탕으로 계산해야 주인공의 나이를 알 수 있는 질문도 있었다. 질문 게임에 경쟁이 붙다 보니 책 내용과 상관없는 이상한 질문을 만들기도 했다. 그래서 각 질문에 별을 최대 세 개까지 붙여 난이도가 아니라 중요도에 따라 문제를 분류하게 했다. 중요한 문제를 많이 낸 모둠에는 가산점을 부여했다.

두 번째 시간에는 생각할 문제를 제시하고 똑같은 주제로 토론하게 할 계획이었지만, 아이들이 질문 게임을 하면서 답을 맞히는 것뿐 아니라 문제를 내는 것도 신나 하는 것을 보고 생각할 문제도 스스로 만들게 했다. 아이들이 문제를 못 만들면 어쩌나 하는 생각에 따로 제시할 문제도 준비했다. 그러나 이 모든 걱정은 기우였다. 아이들은 기대 이상으로 생각할 문제를 잘 만들어 냈고, 같은 주제지만 모둠별로 다른 내용으로 토론한다는 데 더 많은 관심을 보이며 토론에 참여했다. 1학기 내내 싫다는 아이들을 어르고 달래면서 생각할 문제에 대해 이야기한 것이 빛을 발하는 순간이었다. 아이들은 투박하지만 진지한 고민을 담아 문제를 작성했다.

《평화의 소녀상》 모둠별 질문

1. 평화의 소녀상을 폐지해야 하는가?

2. 일본인들 모두에게 책임을 물어야 하는가?

3. 일본에 위안부 기림비는 있는데 평화의 소녀상이 없는 이유는?

4. 국가가 위안부 할머니에게 한 조치는 적절한가?

5. 왜 일본은 위안부 문제를 인정하지 않는가?

6. 평화의 소녀상을 더 설치해야 하는가?

《평화의 소녀상》과 관련해서 아이들이 가장 열띠게 토론한 주제는 '평화의 소녀상을 더 설치해야 하는가?'였다. 찬성 측은 일본이 한·일 '위안부' 이면 합의에서 평화의 소녀상을 철거하라고 한 점에 주목해 '위안부' 문제를 세계 곳곳에 알리려면 소녀상을 더 많이 설치해야 한다고 주장했다. 이에 반대 측 의견은 성남시청에 설치되어 있는 평화의 소녀상에 대해 알고 있는 아이들이 별로 없다는 점을 근거로 들며 이미 설치되어 있는 소녀상을 잘 관리하고 홍보하는 것이 중요하다고 주장했다.

처음에는 단순히 평화의 소녀상을 철거하라는 일본에 맞서 더 많이 설치해야 한다는 의견이 우세했다. 그러나 평화의 소녀상이 생각보다 많은 곳에 설치되어 있음에도 정작 주변에 있는 소녀상에 대해서는 무관심한 현실에 아이들은 스스로 반성했다. 《평화의 소녀상》은 간결한 내용으로도 강력한 메시지를 전달함으로써, 아이들이 '위안부' 문제에 공감하고 스스로 고민할 수 있는 계기가 되었다.

그동안 위안부 문제에 대해 많이 알고 있다고 생각했습니다. '일제강점기, 강제 성 노예로 끌려가셨던 분들이 일본 대사관 앞에서 수요 집회를 이어 나가고 있지만 일본에서는 위안부 문제에 대해 인정하려 하지 않는다'고. 하지만 수업을 통해 아주 가까이에 평화의 소녀상이 있다는 걸 알았고, 얼마나 무관심했는지에 대해 깊이 반성하게 되었습니다. 또한 평화의 소녀상의 각 부분에 숨은 뜻이 있다는 것을 알았습니다. 특히 소녀상 옆에 놓인 빈 의자는 세상을 떠났거나 세상에 드러나지 않은 모든 피해자를 위한 자리라는 점에서 앞으로 평화의 소녀상을 볼 때마다 그 의미를 기억하면서 가벼운 마음으로 인증 샷을 찍고 돌아서는 사람이 아니라 빈 의자의 무게에 대해 생각하는 사람이 되어야겠다고 다짐했습니다. 또 지금도 매주 수요 집회를 하시는 할머니분들을 적극적으로 돕고 싶어졌습니다. **1학년 이○○**

《오늘은 5월 18일》과 관련해서는 '5·18 민주화 운동은 성공인가, 실패인가?' '상부의 명령에 따른 군인들의 행동은 옳은가?' '독재가 경제 발전에 유리한가?' '정치적 목적으로 폭력을 사용하는 것은 정당한가?' '언론에 대한 정부의 개입은 옳은가?' 등 다양한 토론 주제가 나왔다.

이 중 정부의 언론 개입은 1980년의 문제를 넘어 2017년을 사는 우리에게도 해당되는 문제로, 당시 KBS·MBC 언론 총파업과 관련된 뜨거운 감자였다. 아이들 대부분이 언론에 대한 정부의 개입은 옳지 않다는 주장을 펼쳤고, 자연스럽게 어떻게 하면 정부의 개입을 막을 수 있을지 각자 자신의 생각을 이야기하던 중이었다. 이때, 한 아이의 주장이 모두의 눈길을 끌었다.

아이의 주장은 한마디로 언론의 삼권분립이었다. 독재를 막기 위해 입법부, 사법부, 행정부가 서로 견제하는 시스템을 만든 것처럼 언론에도 일방적인 언론 통제를 막기 위한 삼권분립이 필요하다는 것이었다. 언론의 자유를 보장하는 독립적인 조례나 규칙을 제정할 수 있는 언론 의회를 만들고(입법), 언론에서 분쟁이 일어나면 심의 · 의결하는 방송심의위원회를 더욱 강화하면서(사법), 각 언론 기관의 독립성을 보장하는 언론 연방제(행정)와 같은 형태를 만들자는 주장이었다. 물론 실효성에 대해서는 많은 이견이 있었지만 참신한 문제 해결 방법이라는 점에서 칭찬하지 않을 수 없었다.

그림책은 아이들에게 교과서에 서술되어 있는 5 · 18 민주화 운동에 관한 역사적 사실을 알려 줬을 뿐만 아니라, 이 사건에 대해 스스로 판단하고 친구들과 함께 생각을 공유하며 다양한 입장과 관점에서 상호 비판하고 문제를 해결하는 과정을 통해 더 넓은 시각에서 역사를 이해할 수 있는 기회가 되었다.

《오늘은 5월 18일》을 통해 교과서에서는 다루지 않지만 그 당시 사람들에게는 생활의 일부였던 광주의 상황에 대해 알 수 있었습니다. 이번 수업에서 가장 의미 있는 것은 교과서에 서술되어 있는 정치적인 내용에서 벗어나 당시 사람들의 이야기가 담긴 그림책을 통해 5·18 민주화 운동에 대해 스스로 생각하고, 판단하고, 그렇게 도출한 결과를 친구들과 함께 공유하고 다시금 토론하는 과정에서 내 생각을 보완해 나갈 수 있었던 점이라고 생각합니다. 이런 일련의 과정이 궁극적으로 역사의식의 성숙뿐 아니라 앞으로 살아가면서 해결해 나가야 할 수많은 가치 판단의 문제를 객관적이고 이성적으로 해결할 수 있는 능력을 길러 줄 수 있을 것이라 생각하기 때문입니다. 실제로 저는 그림책을 통해 5·18 민주화 운동에 대해 편협하게 생각했던 부분을 스스로 비판하는 과정을 거쳤고 이를 통해 다른 사람을 이해하는 더 넓은 시각을 가질 수 있었습니다.

일반적인 역사 수업은 교과서에서 선별한 사실과 이에 따른 입장에 따라 진행됩니다. 물론, 학생들을 공정하게 평가하고 통합된 교육 체제 내에서 일관성 있게 교육하기 위해서는 당연한 일이겠지만 그 과정에서 학생들은 역사적 사실에 대해 스스로 판단하고 평가할 기회를 박탈당하게 됩니다. 공교육의 특성상 교육과정은 간혹 불가피하게 학생들에게 직접 판단할 권리를 억제합니다. 현실적인 제한, 이를테면 입시 교육, 획일화된 교육제도 등으로 학생들에게 일방적인 관점을 강요합니다. 이번 수업은 학생들에게 능동적인 가치 판단과 공동체 내의 의견 교환 및 상호 비판으로 생각의 폭을 넓혀 줬으며, 무엇보다 그림책을 통해 다양한 관점에서 나온 생각들을 서로 공유함으로써 공동체 전체의 관점에서 생각해 볼 수 있는 시간이었습니다. **1학년 김○○**

마지막은 각 모둠에서 나온 생각할 문제에 대한 자신의 생각을 포스트잇에 적고 모둠원과 토론한 뒤 토론한 내용을 간단한 그림으로 표현하고 발표하는 시간이다. 이때 가장 조심해야 하는 부분은 말 잘하는 학생이 분위기를 주도해 그것이 모두의 생각인 것마냥 발표하는 것이다. 그렇게 되면 나머지 학생들은 말할 기회를 갖지 못할 뿐 아니라 '어차피 잘하는 아이가 하겠지'라는 생각에 무임승차하는 경우가 많아진다. 이를 방지하기 위해 알록달록한 포스트잇을 색깔별로 준비한 다음 아이들에게 각자 자기 생각을 적어서 붙이고 이야기하게 했다. 그리고 토론 내용을 그림으로 그리게 함으로써 말을 잘하지 못하는 아이도 그림에 필요한 아이디어를 제시하고 표현하는 활동에 즐겁게 참여할 수 있도록 했다.

발표는 모둠별로 나와 각자가 포스트잇에 쓴 내용을 이야기한 후 그림을 설명하는 식으로 진행했다. 다른 아이들은 자신의 모둠과 다른 내용의 토론 이야기를 듣고 발표 모둠에게 질문을 함으로써 다른 모둠의 토론에 참여할 수 있고, 질문을 받은 모둠은 토론에서 부족한 부분을 스스로 깨달을 수 있다.

'초록 창'은 알 수 없는
이야기 속으로

　　교무실에 앉아 그림책을 보고 있을 때면 주변 선생님들께서 의아하다는 듯이 묻는다. "고등학교 애들을 너무 무시하는 것 아닌가요?" 하지만 역사에서의 책 읽기는 국어와 다르다. 국어에서는 아이들이 얼마나 내용 파악을 잘하고 있는지, 무엇을 이해하고 있는지가 중요하지만 역사에서는 책 내용 자체보다는 책을 매개로 역사적 주제를 끌어내고 이에 대한 자신의 생각을 표현하는 것이 중요하다. 물론 역사적 주제를 이야기하려면 관련된 역사적 사실에 대한 배경을 알아야 하기 때문에 '질문 게임'으로 책 내용을 대략 확인하는 수준까지만 해도 좋다. 내가 아이들과 함께하고 싶은 수업은 과거에 일어났던 일들이 교과서 속 사건에만 머물러 있는 것이 아니라 현재 우리 주변에서도 되풀이되고 있는 나의 문제라는 것을 알고, 역사의 한 페이지를 살고 있는 우리가 어떻게 살아야 하는지에 대해 스스로 생각해 보는 시간을 갖는 것이기 때문이다.

　나에게 있어 그림책은 아이들과 역사적 주제에 대해 함께 이야기할 때 활용할 수 있는 그 어떤 영상 매체보다 호소력 있는 강력한 도구다. 1인 미디어 시대가 되면서 미디어에 익숙한 아이들에게 아날로그적인 책을, 게다가 어릴 때 이후로 쳐다보지도 않았을 그림책을 보여 주는 수업이 과연 가능할까? 나 역시도 장담할 수 없었다. 하지만 실패를 두려워해서는 아무것도 할 수 없다. 아이들이 잘 따라오지 않을 때마다 그림책들을 보면서 마음을 다잡았던 시기가 있었다. 그림책을 읽으면 다시금 그림책의 힘을 느꼈고 수업에 대한 확신을 확고히 할 수 있었다. 지금은 그림책을 보러 어린이 도서관으로 향하는 발걸음이 자연스럽다. 그리고 아이들에게는 틈만 나면 새로 찾은 그림책에 대한 이야기를 한다.

이제는 아이들이 먼저 "선생님, 그때 말씀하신 그림책 언제 봐요?"하며 새로운 그림책에 관심을 보인다. 이렇게 역사 수업 시간에 책 읽기가 자연스러운 아이들은 발췌독을 해도 훨씬 잘 이해하고 자신의 생각을 표현하는 데 주저함이 없다. 그리고 자신의 주변에서 일어나고 있는 많은 일들에 관심을 기울이고 서로 다른 관점에서 이야기하는 것에 거부감이 없다. 이런 아이들의 변화에 또다시 새로운 수업을 시작할 수 있는 힘을 얻는다.

2018년에는 고등학교 2학년 담임을 맡게 되면서 한국사가 아닌 세계사를 담당하게 되었다. 세계사는 관련된 역사적 사실을 이해하는 일이 한국사보다 더 중요하다. 생소한 단어들이 우리를 시시때때로 괴롭히기 때문이다. 하지만 세계사를 공부하는 이유 또한 암기에 있지 않다. 역사적 사실은 스마트폰의 '초록 창'에 물어보면 재빠르게 답해 주기 때문이다. 수업 내용을 멋지게 구조화해서 아이들에게 떠들어 대던 예전의 나는 없다. 앞에서 혼자 수업하라고 하면 이젠 내가 어색하고 재미가 없다. 쓸데없는 질문이라도 아이들과 함께 와자지껄 떠드는 수업이 즐겁다. 그림책 한 권 가지고도 무궁무진한 이야기를 할 수 있는 아이들에게, 부족한 나는 더 많은 것을 배운다. 올해는 아이들과 함께 오리엔탈리즘에 기반한 아메리카 문명의 몰락과 이슬람 문화를 둘러싼 오해에 대해 함께 이야기하고 토론할 예정이다. 자! 그럼 다음 수업은 어떤 그림책으로 할까? 찾으러 가 볼까?

책에 길을 묻다!
인.문.학.도 프로젝트

온 학교의 아름다운 사제동행,
교과융합 독서교육

김은선
송림고등학교
naya0304@hanmail.net

류성룡 찾기

고1 새내기 학생들에게 '소통으로서의 문학 –《칼의 노래》'를 가르칠 때였다. 독서와 글쓰기를 삶과 연결하는 수업을 해보겠다는 나의 야심찬 계획과 달리, 수업은 평가와 입시로 인해 정신없이 진도를 나가는 또 그저 그런 수업 중 하나가 되어 가고 있었다. 입학 전에《칼의 노래》(김훈)를 미리 읽고 독후감을 써 오게 했지만 학생들은 작품 내용을 어려워했고, 그러면 그럴수록 나는 더욱더 작품에 집중해서 자세히 강의하고 이순신 장군이나 임진왜란과 연관된 역사를 이해할 수 있도록 조사하게 했다. 역사 팩션Faction이 드라마나 영화로 성공한 예도 들려주고 과거를 현재에 접목시키는 것이 앞으로의 사회에서 꼭 필요한 일이라며 당위성도 설명했다. 하지만 나의 열변에도 불구하고 아이들의 표정은 별로 달라지지 않았다. 도대체 뭐가 잘못된 것일까? 뭐가 더 필요하다는 걸까?

099

그해 나의 국어 수업은 학생들의 삶과 연결되지 못하고, 모두 날아가 버린 것만 같았다.

복잡한 마음으로 들여다본 목차 제목에 문득 의구심이 들었다. '소통으로서의 문학'! 과연 아이들은 수업 속에서 '소통으로서의 문학'을 느꼈을까? 사회적 소통으로서의 문학을 이해하고, 작가와 작품 그리고 독자와의 관계를 파악하며 작품의 주제에 공감하거나 비판하는 것이 수업 목표였지만 빛을 잃은 아이들의 눈동자는 그 어떤 목표도 이 수업 속에서는 얻을 수 없다는 것을 말해 주고 있었다. 지금 가르치는 내용이 살아 숨 쉬는 지식이 되려면 어떻게 해야 할까? 학생들을 교과서 밖 세상으로 나오게 할 수 있는 방법은 무엇일까?

때마침 그때 TV에서 〈징비록〉이라는 드라마가 시작되고 있었다. 드라마는 류성룡 선생이 집필한 《징비록》의 내용을 바탕으로, 임진왜란이 발생하기 전부터 이순신 장군이 전사한 노량해전이 일어날 때까지 조정에서 펼쳐지는 이야기들을 섬세하고 긴장감 있게 그려 내고 있었다. 나는 학생들에게 《징비록》을 읽어 보자고 제안했다. 《칼의 노래》가 와닿지 않았다면 다른 작품을 통해 《칼의 노래》를 새롭게 이해할 수도 있다며 아이들을 설득했다. 《징비록》은 출중한 리더십과 현실 인식을 지니고 있던 재상이 서술한 책이니만큼 임진왜란의 전황을 이해하는 데 도움이 될 수 있다고 이야기하기도 했다. 드라마의 인기에 편승해서라도 소설이 보여 주는 명량해전을 더 생생하게 전하고 싶었고, 아이들과 함께 전쟁의 비극과 그 속에서 벌어지는 인간사의 흔적들 그리고 한 개인의 고뇌에 공감하고 싶었다. 책을 또 읽는다는 것이 학생들에겐 큰 부담이었을 텐데도, 드라마가 주는 파장 때문이었는지 다소 어려울 수 있는 《징비록》을 읽는 것에 다들 찬성했다.

이렇게 매주 한 시간 독서토론 수업이 시작되었다.[*] 첫 번째 화두는 작가인 류성룡이었다. 아이들은 자기 잘못을 반성하는 것은 쉽지 않은 일이라며 위기를 극복한 공은 백성과 임금의 덕으로 돌리고, 환란에 대한 걱정은 온전히 자신의 몫으로 남긴 류성룡을 높이 평가했다.

그런 말들을 나누던 중, 평소에 까불거리며 이야기하기 좋아하는 녀석이 불쑥 "샘, 징비록 읽은 김에 우리 안동에 가 보면 안 돼요?" 하고 물었다.

"앞 반 선생님 고향이 안동이라서 학생들 초대한다고 하셨대요. 류성룡 선생이 어떤 마음으로 이 글을 썼는지 병산서원에 앉아서 직접 느껴 보면 더 좋을 것 같아요. 앞 반 샘한테 졸라서 같이 가면

---

[*] 독서토론 첫 시간에는 모둠 구성부터 했다. 가위바위보를 해서 이긴 사람이 자리를 이동하는 방식으로 서로 자연스럽게 섞이게 하고, 모둠 대표도 가위바위보로 정했다. 모둠 대표가 사회자를 맡아 독서토론을 진행하되, 서로 읽는 속도가 다를 수 있으므로 모둠별로 매시간 읽을 분량을 정해서 읽고 토론하게 했다. 수업 시간 중 5분은 모둠끼리 지난 시간에 읽은 부분들을 되새김질하는 시간을 갖고 25분간 책을 읽은 후, 20분은 읽은 부분과 관련된 질문을 하나씩 만들어서 서로의 질문에 대한 이야기를 나누며 토론을 진행하도록 했다. 느리지만 지루하지 않게, 짧지만 의미 있는 한 시간을 보내기 위해 서로 노력하자는 규칙도 세웠다.

안 될까요?"

"응? 안동?! 글쎄다."

"샘, 수학여행도 못 가는데 제발 우리 같이 가요? 네~?"

"알았어. 여쭤는 볼게. 근데 힘들 거야."

눈치 없는 녀석이 계속 조르는 바람에 나는 엉겁결에 알겠다고 말하고 일단 그 순간을 넘기고 말았다. 2014년 세월호 참사 이후 우리 학교는 모든 학생들이 움직이는 숙박형 체험 학습을 중단했다. 그러나 가지 말라고, 안 된다고 하면 할수록 밖에 나가 콧바람을 쐬고 싶은 아이들의 욕망은 점점 더 커져 갔다. 사실 같이 가고 싶은 마음이 컸으나, 그 당시 아이들과 함께하는 체험 활동을 하려면 수많은 걱정 속에 철저한 계획을 세워야만 가능했다. 하지만 2014년 성남형 교육사업과 일반고 역량강화사업이 시작되어서 학교의 특색을 드러내는 프로그램이 절실히 필요하기도 했고《징비록》이 주는 여러 교훈들을 다른 교과와 함께 엮어서 운영하면 멋진 독서융합 프로젝트가 만들어질 수 있다는 생각이 들어 용기를 내 보기로 했다. 다행히도 안동이 고향이시라는 앞 반 선생님은 일반고 역량강화사업을 담당하셨던 연구부장님이셔서 더 쉽게 이런 생각들을 함께 나눌 수 있었다.

"선생님, 아이들이《징비록》을 읽더니 병산서원에 가 보고 싶다는데… 안동에 가려면 어떻게 하면 돼요?"

"샘, 안동에 오려구? 나야 안동에 온다면 너무 좋지. 내가 도와줄까?"

"네, 저 일반고 역량강화사업으로 독서 관련 특색 프로그램을 운영해 보고 싶어요. 책 한 권을 깊이 있게 읽는다는 의미에서 아이들한테도 좋은 교육이 될 것 같아요."

"근데, 안동은 당일 여행이 좀 힘든데… 샘 혼자 학생들 데리고 가기도 어렵고……."

"저도 그렇게 생각해요. 일단 지금은 병산서원에 가자는 생각만 있는데 선생님께서 안동에 있는 좋은 장소들 이야기해 주시면 연결해서 1박 2일 숙박형 체험 학습으로 만들어 보면 어떨까 싶어요."

"1박 2일이면 해 볼 만하지. 내가 애들이랑 가 볼 만한 장소들을 한번 물색해 볼게. 그리고 나도 같이 갈게."

"그래 주시면 전 정말 좋죠!"

연구부장님의 말씀은 막연한 생각만 있었던 나의 계획에 추진력을 더했다. 그리고 다음 날, 고향으로 학생들을 데리고 갈 수 있다는 생각에 신이 나셨는지 선생님께서 반짝반짝 빛나는 눈으로 안동 체험 학습 여행지들을 이야기해 주셨다.

"샘 이야기 듣고 내가 구상을 해 봤는데, 일단 첫째 날은 학교가 있는 분당에서 차를 타고 안동으로 내려가면서 이육사 문학관을 들러 이육사 문학에 대해서 생각해 보고, 안동에 도착하면 도산서원에서 퇴계 이황에 대해 배우는 거야. 그리고 병산서원에 가서 류성룡의 발자취를 한번 느껴 보고… 아 참, 올해는 5월에 한국국학진흥원에서 '인문의 눈으로 과학을 읽다'라는 전시회를 하는데 그것도 학생들이 볼 만할 것 같아. 그리고 수곡고택에서 하룻밤을 자는 거지. 고택에서 자는 것도 아마 학생들한테 좋은 경험이 될 거야. 내가 고택에서 대금 연주도 가능한지 물어볼게. 둘째 날은 하회마을이랑 하회부용대, 거기 갔다가 한지 만드는 공장에도 가 보면 좋을 듯해. 일정이 좀 빡빡하긴 해도 이 정도 보고 오면 안동은 다 구경하는 셈이야. 요렇게 일정표는 만들어 봤는데 여기에 샘이 전체적인 살을 더 붙여 봐."

선생님께서 도표에 빼곡하게 적어 넣은 일정표와 함께 주신 '인문의 눈으로 과학을 읽다'라는 전시회 팸플릿은 나의 생각을 확장시켜 전체 테마를 무엇으로 해야 할지 상상하는 데 도움을 줬다. 팸플릿에는 이런 글귀가 있었다. '사람의 길, 리더를 찾아서… 그 옛날 선비들의 세상을 살펴본다'.

그날부터 고민이 시작되었다. 이 프로젝트명을 무엇으로 할까. 단순한 체험 학습이 아니라, 책을 읽고 깊이 있게 인문학을 나누고 더 넓은 세상을 향해서 나아갈 아이들의 모습을 표현하고 싶었다. 혼자가 아니라 함께하면서 사고를 확장하고 미래를 이끌어 갈 리더로서 성장할 수 있는 기회임을 보여 주는 것도 중요했다. 일주일 동안 다른 학교에서는 어떤 체험 학습을 하는지 살펴보고 인터넷에 이것저것 검색도 해 보면서 반짝이는 생각이 툭 던져졌으면 좋겠다고 생각하다 이런 아이디어가 떠올랐다. '인문학을 배우고 실천하는 사람, 인문학도人文學徒. 이걸 다르게 이름 지으면 어떨까? 그리고 그 안에 우리가 하고 싶은 말들을 함축해서 넣으면 어떨까?'

이번이 처음이자 마지막이 될지는 모르겠지만 매년 다른 테마로 체험 학습을 하면 좋겠다는 웅대한 생각으로 지은 이 프로젝트의 이름은 '人.文.學.道(인.문.학.도: 사람과 글을 배우고 내 길을 찾다!)'였다. 테마는 한국국학진흥원의 전시 주제에 착안해 '사람의 길, 리더의 꿈'으로 정했다. 간단하게 탐방 프로그램 일정 초안을 짠 후, 다시 연구부장님과 구체적인 논의를 하기 시작했다. 어떻게 학생들을 데리고 갈지, 체험 학습에 갈 학생들을 선발한다면 어떤 방식으로 할지, 좀 더 깊이 있는 프로젝트로 만들기 위해서 해야 할 사전·사후 활동은 뭐가 있을지, 체험 학습 비용은 어떻게 해야 할지, 생활기록부에 기록은 가능한지에 대해서.

인문학도 프로젝트 1
_《징비록》을 읽는 열한 가지 방법

의욕은 넘쳐 있었지만 체험 학습이 어려운 상황에서 학생들과 함께 안동까지 가려면 구체적인 실행 계획을 보여 줄 수 있어야 했다. 연구부장님은 대회와 연결해서 가거나 프로젝트 학습처럼 다른 교과 학습과 연결하는 것이 학생들을 훨씬 독려할 수 있는 방법일 것 같다는 이야기를 해 주셨다. 그리고 처음 가는 테마형 체험 학습이고 여러 선생님들의 동의와 지지를 얻으려면 많은 분들이 함께해 주는 것이 좋을 테니 가실 분들을 더 모아서 회의를 해 보자는 조언을 하셨다. 같이 이야기를 나누다 보면 더 좋은 방안이 나올 것이고, 사제동행하며 아이들과 대화를 나눈다면 학생들이 느끼게 되는 감흥이 더 깊어질 거라는 말씀도 해 주셨다.

감사하게도 10분의 선생님께서 함께하기로 약속하셨다. 연구부, 인문사회부, 각 학년부에서 나서 주신 선생님들과 고민하던 부분들을 좀 더 구체적으로 설계했다. 다들 바쁘신 와중에도 늘 조언을 해 주시고 진행 과정에서 내가 놓치고 있는 것들이 있으면 알려 주신 덕분에 프로젝트는 점점 더 윤곽을 드러냈다. 학교라는 공간에서 새롭게 시도하고 싶은 것들은 많았지만 일선 학교에서 일해 보면 늘 반복되는 일상들을 소화하기에도 버거웠다. 그분들이 없었다면 인문학도 프로젝트는 시작조차 불가능했을 것이다.

진행하면서 무엇보다 가장 고민이 되었던 부분은 학생 선발이었다. 당시 교장 선생님이 허락하셨던 인원은 45인승 대형 버스 한 대에 탈 수 있는 숫자였다. 우리 학교는 36학급의 큰 학교라 모든 학생들을 데리고 갈 수 없는 상황이어서 갈 사람을 공평하게 선발할 수 있는 장치가 필요했다. 그래서 아쉽지만 이 프로젝트를 연구 대회로 만들어서 학생들을 뽑는 과정을 부득이하게 만들 수밖에 없었다. 게다가 생각보다 많은 인원이 지원해서 진짜 인문학을 사랑하고 연구하고 싶어 하는 학생들에게 기회가 갈 수 있도록, 공정하게 선발해야겠다는 생각이 더해졌다.

1차 예선에서는 학생들이 제출한 독후감과 토론 논제를 바탕으로 60명을 선발했다. 2차 예선에서는 모둠 독서토론을 통해 아이들 생각의 깊이를 살펴봤다. 1차에 제출한 글만으로는 학생들의 역량을 알 수 없다는 생각에 탐방을 떠나기 전 다소 무리가 되지만 시도해 본 것이었다.* 최종적으로는 1학년 21명, 2학년 14명, 총 35명의 학생이 선발되었다. 1학년과 2학년을 각각 멘티-멘토로 연결해서 연구를 진행하려고 했으나 선발을 하고 보니 1학년 학생들이 너무 많고 2학년 학생들이 상대적으로 너무 적었다. 그래서 3학년 학생 중에서 연구를 도와줄 멘토들을 또 모집해 1, 2, 3학년이 함께할 수 있도록 모둠을 구성했다. 처음에는 학생들이 같은 학년끼리 할 수 있게 해 달라고 불만을 드러내기도 했지만, 1박 2일의 탐방 후 모두가 친해졌고 선후배로서, 연구를 함께 하는 동반자로서, 멋지게 6개월 동안의 긴 모둠 활동을 즐겼다.**

---

* 참고 자료 1

** 인문학도 프로젝트는 학사 일정에 포함되어 있지 않아서, 공휴일과 주말에 가야 했다. 휴일에 아이들과 떠나는 것이라 가기 전 안전 교육과 기안문들이 수두룩하게 이어졌지만 학생들과 교사들의 열망을 누르진 못했다. 가장 다행이면서 아이러니했던 것은 당시 지역사회 개발의 일환으로 시작되었던 성남형 교육사업과 일반고 역량강화를 위한 교육부 사업이 인문학도 프로젝트를 해야만 하는 일로 여겨질 수 있게 하고 지지 받을 수 있는 기반을 마련해 줬다는 것이다. 때로 외부의 지원은 불필요한 사업의 확장을 만드는 것이 아니라 내부의 변화를 이끄는 원동력이 될 수도 있다.

2015 인.문.학.도人.文.學.道 – 사람의 길, 리더의 꿈
탐방 프로그램 일정표(2015. 5. 10.(일)~5. 11.(월))

시간	프로그램	주요 내용
07:30 11:00	학교 출발	경부고속도로-영동고속도로-중앙고속도로-이육사 문학관
11:00 12:30	〈이육사 문학관〉 민족 시인 이육사의 삶과 문학	• 이육사 관련 영상 '광야에서 부르리라' 관람 • 이육사의 유일한 혈육 이옥비 여사 강의 '나의 아버지 이육사' • 문화 해설사와 함께하는 육사의 생애, 문학, 독립운동 • 육사의 시상지 관람(〈절정〉〈광야〉)
12:30~13:30		점심 식사: 북엇국
13:30 15:00	〈도산서원〉 앎과 삶이 어우러 진 선비, 퇴계 이황	• 도산서원: 실천적인 삶을 위한 노력, 서원을 통해 한 시대를 책임지는 인재를 길러 내던 곳 • 문화 해설사에게 듣는 퇴계 이황의 선비 정신
15:00 18:00	〈한국국학진흥원〉 오늘을 인도하는 삶의 자양분, 유교	• 유교와의 만남: 유교와 수양, 유교와 가족(사람 노릇하기), 유교와 사회(사람 대하기), 유교와 국가(사람 위하기), 유교와 미래 사회 • 인문의 눈으로 과학을 읽다: 과학의 발전과 인문학적 성찰
	〈병산서원〉	병산서원에서《징비록》의 저자 류성룡과 함께 거닐다
18:00~20:00		숙소 이동 및 저녁 식사: 안동찜닭
20:00 23:00	선인들의 文, 史, 哲에서 발견한 시대정신	• 인문학 주제별(문학, 철학, 역사) 사제동행 온고지신溫 故知新 세미나 • 사제동행을 통한 인문학 교류
23:00~08:00		취침 및 아침 식사: 누룽지, 떡국
08:00 09:30	〈하회부용대〉	• 자연이 품은 마을을 한눈에 내려다보다 •《징비록》을 집필한 곳, 옥연정사!

09:30 12:00	〈하회마을〉 애민 정신과 리더십 - 서애 류성룡	• 선대의 전철을 철저히 반성하고 대비해 후대에는 잘 못을 되풀이하지 않기 위해 남긴 《징비록》의 저자를 만나다 • 영모각에서 류성룡의 발자취를 더듬다 • 문화 해설사에게 듣는 서애 류성룡의 애민 정신과 리 더십
12:00~13:00		점심 식사: 간고등어 정식
13:00 15:00	해학과 풍자, 익살의 카타르 시스 - 하회탈	• 탈의 미학: 탈에 담긴 평등 사상 • 삶의 무게를 해학과 풍자, 익살로 이겨 내다
15:00~18:30		학교 도착

분주했던 시간이 지나고, 《징비록》 한 권의 힘에 이끌린 아이들과 나의 인문학도가 시작되었다. 이 여정의 하이라이트는 서애 류성룡과 그의 아들 류진을 배향한 병산서원과 류성룡이 《징비록》을 집필한 옥연정사였다. 학생들은 400년 전 류성룡의 발자취를 따라가 보며 다른 누구보다도 강직했던 그의 고뇌를 되새겼다.

병산서원을 정면으로 바라보며 걸어가니 복례문이 보였다. '극기복례克己復禮'에서 따온 말로, 세속된 몸을 극복하고 예를 다시 갖추라는 뜻을 지니고 있다고 한다. 복례문을 지나 만대루에 올랐다. 가르침을 세운다는 입교당이 한눈에 들어왔다. 우리는 만대루에 앉아 휘돌아가는 낙동강과 병산을 쳐다봤다. 이곳에 앉으니 시공간이 없어지고 모든 근심이 사라지는 것 같았다. 지붕 위쪽으로 병산과 하늘이 위엄 있게 펼쳐져 있었고 만대루 누각의 기둥 사이로 강물이 찰랑거렸다. … 소용돌이 같았던 조선 시대에 류성룡 선생은 이곳에서 어떤 생각들을 했을까? 조정의 무능함으로 수많은 백성들의 피를 봤던 류성룡의 심정은 어떠했을까.

1학년 김은정

그는 수없이 옥연정사에 와서 하회마을을 안아 흐르는 물길을 바라보며 자신의 삶과 세상에 대해서 생각에 생각을 거듭했을 것이다. 그리고 후대에는 다시금 그와 같은 고통이 되풀이되지 않기를 간절히 바라는 마음으로 《징비록》을 엮어 갔을 것이다. … 시대는 변했지만 과거에서 얻은 교훈들은 여전히 우리의 삶에 깊이 있게 적용 가능하다. 이번 인문학도 프로젝트를 통해 과거의 훌륭한 정신들을 배우고 반성할 수 있었다는 것에 감사하다. 과거의 반성은 밝은 미래를 기약할 수 있기에 더 값진 것임을 깨달았다.

1학년 이지연

살랑살랑 불어오는 봄바람 속에서 부용대를 바라보던 아이들은 책 속의 자유가 아니라 삶 속의 자유를 찾은 듯했다. 4년이 지난 지금도 학생들의 글을 보면 그때의 모습들이 모두 생생하게 떠오른다. 그리고 함께해 주셨던 선생님들께 감사한 마음이 가득하다. 같이 길을 걸으면서 임진왜란의 참담함을 보여 주는 역사적 사실을 이야기해 주셨던 한국사 선생님, 당시 정치에 있어서 중요했던 유교의 정명正名사상에 대해 설명해 주신 윤리 선생님, 현판에 담긴 선비들의 올곧은 가치관을 전해 주신 한문 선생님, 조금은 낯설었던 안동 지역의 아름다움과 멋스러움에 대해서 열변을 토해 주셨던 국어 선생님, 정년을 앞두시고 아이들에 대한 사랑과 삶에 대한 걱정을 담아 여러 가지 이야기를 해 주셨던 수학 선생님, 수곡고택에서 밤새 아이들과 대화하며 우리들의 이야기는 밤하늘의 별빛을 받아 신화가 된다는 멋진 말씀을 해 주셨던 철학 선생님… 그분들과 함께여서 아이들의 1박 2일은 짧은 시간의 경계를 넘어 마음속 깊이 자리 잡을 수 있었다.

또 하나 고무적이었던 건 인문학도 프로젝트를 통해 탐방 전 그리고 탐방 후에 걸쳐 교과융합(국어, 사회, 지리, 한국사, 체육, 미술) 프로젝트 학습을 해 볼 수 있었다는 것이다. 소수의 학생들만 참여하는 것이 못내 아쉬워 좀 더 많은 학생들이 참여할 수 있고 각 교과의 내용들이 공통된 주제 아래 자연스럽게 엮여 가는 교육이 필요하다는 생각으로 시도해 본 것이었다. 처음부터 계획했던 것이 아니라서 국어과의 독서토론을 중심으로 확장된 형태였지만 학생들의 만족도는 높았다. 무엇보다 인문학도 프로젝트를 통해 사고의 폭이 넓어진 학생들이 각 반마다 중심을 잡고 활동을 해 줘서 더 큰 시너지가 날 수 있었다.

교과융합 프로젝트 학습의 전체 주제는 탐방 주제였던 '사람의 길, 리더의 꿈'으로 잡고, 각 교과별로 주제와 관련된 내용을 추린

다음 공통 주제어를 정했다. 리더십, 위기 대처 능력, 민중의 힘, 가치관 확립, 정신문화의 가치, 참여를 통한 사회 변화 등이었다. 이후부터는 함께 가 주셨던 선생님들의 역할이 빛을 발했다.

학생들은 한국사 시간에 임진왜란과 관련된 역사적 사실에 대해서 더 깊이 있게 배웠고 사회 시간에는 위기에 대처하는 능력, 리더십, 사회를 이끌어 나가는 도덕관, 가치관, 정명사상에 대해 연구하는 시간을 가졌다. 한문 시간에는 탐방 도중 현판에 집중하셨던 선생님께서 자신의 가치관을 담아 각자 현판을 만드는 활동을 기획하셨다. 음악, 체육, 미술 선생님께서는 임진왜란에서의 승리는 민중의 힘이 이끈 것이니 민중의 힘을 표현하는 작품을 만들어 보겠다고 하셨다. 음악 선생님은 북 콘서트 때 관현악 연주로 음악과 책의 만남을 표현해 주셨고 체육 선생님은 치어 리딩 수업을 새롭게 계획해 모둠과 학급, 더 나아가 학교 전체 학생들의 단합을 이끌어 내셨다. 가장 멋진 협동 프로젝트는 미술 시간에 일어났다. 아이들이 협력해서 제작한 대형 미술 작품들을 시청과 연계해 학교 후문 지하보도에 전시하게 된 것이다. 지하보도 통로에 전시된 학생들의 작품은 사고가 많이 발생하는 지하보도의 이미지를 아름다운 전시 회장으로 바꿔 놓았다. 어두운 세상을 밝히는 힘은 한 사람 한 사람의 마음이 모여서 빛이 되는 순간이라는 선생님의 말씀이 인상 깊었다. 매번 야간 자율 학습이 끝나고 집에 갈 때 지하보도를 지나가는 것은 학생들에게 큰 두려움이었다. 하지만 이제는 만화 속 해맑은 주인공과 별이 반짝이는 우주, 드넓은 바다 속 꿈의 세계가 아름다운 음악과 함께 우리를 맞이하고 있다.

학생들의 생각이 깊어졌던 수업은 지리 시간이었다. 지리 시간에는 공간에 대한 탐색이 이어졌다. 류성룡을 비롯한 당시 조선 사대부들의 사고가 반영된 병산서원과 하회마을이라는 공간에 담긴 정신적 의미와 가치를 살펴보고 현재 우리가 살고 있는 지역을 분석하고 새롭게 바라보는 활동이었다. 학생들은 '시대를 이끌어 가는 리더들의 공간'에 대해 토론하며, 북촌마을·하회마을과 같은 가치와 사상의 집결지가 곧 리더의 공간이었던 조선 시대와 달리 근대화 이후에는 경제적 능력과 부를 중심으로 리더의 공간이 형성되고 있다며 가치보다 물질이 먼저인 사회로 변해 가고 있음을 비판했다.

우리의 몸이
한 권의 책을 통과할 때

그렇게 아이들은 책 한 권이 지닌 가치를 충분히 음미하는 법을 알게 되었다.

《징비록》이 우리에게 가르쳐 준 것

지금까지 '조선 시대 양반들은 현대의 부패한 재벌가나 정치가처럼 욕심이 많아 백성들의 삶은 생각하지 않고 자신의 이익만을 챙겼다'는 생각을 가지고 있었다. 그런데 류성룡은 백성들의 삶을 관찰하고 백성들이 다시는 전쟁 때문에 아픔을 겪지 않도록《징비록》을 썼다. 나는 지금 우리 학급의 임원으로서 내 책임을 다하고 있는지 다시 한 번 생각할 수 있었고 그런 류성룡의 애민 정신과 리더로서의 책임감을 본받아야겠다고 생각했다. … 류성룡의 집, 류성룡의 책, 류성룡의 모든 것은 그가 일생 동안 자신이 알고 있는 '지'들을 얼마나 '행'하려고 노력했는지를 보여 줬다. 그의 집은 매우 명망 있는 유학자 가문답지 않게 매우 검소하고 작았다. 그의 책 역시도 고위 관료로서 그가 추측했고 가지고 있었던 정보를 후대에 알려 다시는 이런 끔찍한 일이 일어나지 않게 하리라는 굳은 의지의 발현이었다. **2학년 진윤희**

《정희진처럼 읽기》(정희진)에 보면 "내 몸이 한 권의 책을 통과할 때, 책은 나를 이룬다. 독서는 내 몸 전체가 책을 통과하는 것이다. 몸이 슬픔에 '잠긴다', 기쁨에 '넘친다', 감동에 넋을 '잃는다'. 텍스트 이전의 내가 있고 이후의 내가 있다. 그래서 독후의 감感이다." 라는 구절이 있다. 한 권의 책을 몸으로 기억할 수 있는 것, 그리고 독후의 감感 이후에 내 삶의 감鑑으로 발전할 수 있는 것이 진정한 책 읽기라는 생각이 든다.

지금의 이 생각과 감정들을 놓치지 않고 이어 가자는 취지로, 인문학도 프로젝트에 참여한 학생들은 방학 동안 각 모둠별로 주제 연구를 시작했다. 연구 보고서는 선생님 7분과의 피드백을 거쳐 9월 말까지(약 4개월 간) 완성하고, 10월에 교사들과 학부모님 그리고 학생들 앞에서 발표회를 했다. 발표회에서 35명의 학생들은 앎과 삶이 어우러진 삶의 중요성, 역사적으로 본 애민 정신과 리더십, 역사의식과 민족 문학, 정신문화의 역할, 유교의 과거 · 현재 · 미래, 화폐를 통해 본 전통적 리더십, 《칼의 노래》와 《명량》을 통해 본 오늘날의 사회현상과 리더의 모습, 《징비록》을 통해 본 오늘날 사회와 리더의 자질 분석 등의 주제에 대해 오랜 기간 모여서 고민했던 만큼 깊이 있는 이야기들을 나눴다. 체험이 줬던 다양한 감흥 때문이었을까? 아이들의 생각이 별처럼 빛났다. 1, 2학년이 함께하면서 보여 주는 시너지도 좋았다. 2학년 선배들과 같이 활동하며 학교 선배의 따뜻함과 위대함(?)을 느꼈다는 학생들도 있었다.

앎과 삶이 어우러진 삶의 중요성

요즈음 현대인들이 가장 중요시하는 것은 아마 '앎', 즉 지식일 것이다. 한국이라는 작은 나라가 경쟁력을 가지기 위해서는 뛰어난 사람들에게 모든 것을 집중시켜 최고로 키워 내야만 했고, 그런 과정에서 어느새 우리나라는 경쟁과 비교로 가득 차게 되었다. 그리고 그 경쟁과 비교의 척도는 바로 지식이다. 수많은 사람들 중에서 뛰어난 사람을 객관적으로 줄 세우기 위해서 선택한 것은 바로 시험을 통한 등급이었다. 요즘은 비교과나 생활기록부도 많이 반영하고 있지만 결국 가장 중요한 기준은 내신 성적이나 수능 성적이 된다. 물론 고등학교 3년 동안 열심히 공부해 결과를 내는 것 자체가 나쁘다는 것이 아니다. 실천이 있으려면 기본으로 앎이 있어야 하는 것은 분명하다. 그러나 문제는 현대인들의 삶에서 공부란 그저 시험 결과에서 끝난다는 점이다. 그 결과를 가지고 대학을 가고 나면, 그들에게는 끝임없는 '앎에 대한 요구'만 있고 실천에 대한 중요성은 강조되지 않는다. 실천이란 절대로 생활기록부나 성적표 등에 기록되는 것이 아닌데도 우리는 문서에만 집중하며 살고 있다. 무엇이든 기록이 남아야 하고, 기록이 남는 것이 아니라면 가치 없는 것으로 여기고 있다. 그러나 앎이란 눈에 보이지 않는 실천과 이어질 때 비로소 완성되는 것이다. 유교는 그 무엇보다도 실천을 강조하는 학문이다. 그리고 그러한 유교의 정신이 지금 우리나라를 만들었다. 이제 다시 유교의 그 정신으로 돌아가야 하지 않을까? 특히 지금 자라나고 있는 청소년들에게 말해 주고 싶다. 절대로 지식이 다가 아니라고. 실천으로 이어지지 않는 지식은 죽은 지식, 죽은 앎일 뿐이라고. **2학년 진윤희 · 류민지, 1학년 김지원 · 정나연 · 이지연**

《칼의 노래》《명량》을 통해 본 오늘날의 사회현상과 리더의 모습

세상에는 리더들이 참 많다. 너 나 할 것 없이 모두가 누군가를 이끌어주는 리더다. 하지만 그렇기 때문에 더더욱 그 리더들 속에서 진정한 지도자를 찾기가 몹시 어렵다. … 그러나 사막에서 피어난 꽃이 꽃밭에서 피어난 꽃보다 더 아름다운 법. 진정한 지도자를 찾기가 어려운 만큼, 그 상황 속에서 리더가 탄생하는 순간 리더의 능력이 더욱더 빛을 발할 것이다. … 21세기 미래의 리더들은 이순신 장군과 같은 영웅적인 덕목을 지니길 바란다. 그리고 자신만의 행복이 아닌 공동체 구성원들을 위해 두 발로 뛰는 그런 리더이기를 바란다. 그러기 위해서는 우리는 반드시 과거의 경험에서 삶의 이치를 배우고 현재를 비판하고 미래를 만들어 가야 할 것이다. 과거를 걸어 본 자만이 현재에서 찾을 수 없는 삶을 살아갈 수 있듯이, 이순신의 삶을 통해 진정한 리더십을 배우고 실천한다면 각박한 세상 속에서도 밝은 미래를 그려 볼 수 있을 거라고 생각한다. 그리고 무엇보다 모두가 함께하는 힘이 중요하다.

2학년 노서경 · 남가배, 1학년 김세연 · 유채원 · 우정현

사실 예전엔 하고 싶은 것들이 너무 많았다. 수업에 열정도 있고 배움도 있고 재미도 있고 모든 것을 다 담아낼 수 있는 선생님, 인터넷 수능 강사처럼 능수능란하게 교과를 가르치는 다재다능한 선생님, 아이들 생일도 챙겨 주고 맛있는 것도 사 주고 친구처럼 때로는 이모처럼 그렇게 다정다감한 담임 선생님까지, 아이들에게 우리 선생님이 최고라는 이야기를 늘 듣고 싶었다. 초임 교사들이 꿈꾸는 거창한 꿈들은 모두 다 꿨던 그때, 그 소원은 내가 보는 세상 안에서는 이루어진 듯했다. 하지만 시간이 흐를수록 교사와 학생 사이에 무엇인가가 빠져 있는 것만 같았다. 아이들과의 교감이 아니라 내가 한바탕 쇼를 하고 나오는 듯한 느낌을 지울 수가 없었다. 수업 속에서 주인공은 학생이 아니라 나였고 교실에서는 늘 내 목소리만 드높게 울려 퍼졌다. 화려한 언변으로 수놓아진 수업이었지만 아이들의 변화와 생각을 담을 수 있는 공간은 어디에도 없었던 것 같다. 교사로서 내 부족을 실감했지만 부족을 채우기 위한 도전도 쉬운 일은 아니었다. 가장 힘들었던 건 교사로서 이 모든 고민들을 의논하고 함께할 동료를 찾기가 쉽지 않았다는 것이다. 어떻게 해야 할지 몰랐고 초짜 교사의 실수들은 예쁘고 귀엽게 넘어갈 수 있는 것들이 아니었다. 늘 겉돌았던 시간들이었고 마음의 빈 공간을 채우기 위해 여기저기 기웃거렸다. 그 시절을 돌이켜 보면 가슴속에 담아 두기에는 너무 많은 이야기들이 있어서 수업 시간에 모두 쏟아 내야 한다고 생각했던 것 같다.

한 학생의 '류성룡 찾아가기'로 시작된 인문학도 프로젝트를 진행하며, 나는 비로소 학생들을 통해, 동료 교사들을 통해 내가 보지 못하는 것들을 함께 나누고 확장시킬 수 있었다. 내가 줬던 지식이 얼마나 알량한 것이었는지도 깨닫게 되었다. 그리고 책 속에서 죽어 있는 지식들이 아니라 아이들의 삶 속에서 만나고 다시 채워질 수 있는 지식들을 동료 교사들 그리고 아이들과 함께 찾아 가야겠다는 용기가 생겼다. 이제 나는 교사로서 학생들에게 정답을 알려 주는 것이 아니라 스스로 물음표를 향해 가는 아이들을 옆에서 응원하는 조력자가 되기로 했다. 닫힌 공간이 아니라 열린 공간 속에서 학생들이 겪게 되는 수많은 일들이 스스로의 꿈과 미래에 영향을 미치게 되기를 느린 호흡으로 기다려 주는 지킴이가 되기로 했다.

인문학도 프로젝트 2
_《명견만리》로 아이들 꿈에 날개 달기

인문학도 프로젝트는 벌써 4년째 우리 학교의 대표 인문학 행사로 자리매김하고 있다. 첫 번째 '사람의 길, 리더의 꿈' 이후, '사람을 잇다, 세상을 짓다' '함께하는 꿈, 함께 만드는 세상'이라는 주제로 3년 동안 안동과 전주, DMZ 일대를 탐방했다. 해를 거듭할수록 기대치가 높아져서인지 더 깊이 있는 인문학과의 만남을 위해 더 많이 고민하고 생각해야 하는 어려움이 있었다. 3년간의 인문학도 프로젝트는 모두 모둠 활동이 중심이 되어 주제 연구 보고서를 작성하고 발표하는 방식으로 진행했다는 것에 대한 아쉬움도 있었다. 그래서 이번에는 집단지성의 힘을 통해 자신의 꿈과 내면의 이야기를 표현할 수 있도록 해야겠다는 생각이 들었다. 마침 2018년부터 2015 국어과 개정 교육과정에 들어온 '한 학기 한 권 읽기'는 나의 생각과 맞닿는 면이 있었다. 정규 수업 시간에 한 권을 제대로 읽음으로써 책이 자신의 삶과 자연스럽게 이어지고, 더 나아가 자신의 꿈과 비전을 설계하는 데까지 이어질 수 있다면 얼마나 좋을까?

자신의 꿈에 대한 이야기를 이끌어 낼 화두가 될 책은 학생들의 다양한 꿈을 고려해 여러 가지 테마를 갖고 있는 책으로 선정해 보기로 했다. 어떤 책이 좋을까 고민하다가 독서 시간에 학생들에게 책 추천을 부탁했더니 《명견만리》를 많이 이야기했다. 특히 2학년들은 작년 사제동행 독서토론회 때 '예상하지 못했던 미래, 우리가 가져야 할 통찰'이라는 주제로 《명견만리_미래의 기회편》(KBS 명견만리 제작팀)을 가지고 인근 학교 학생들과 월드 카페 토론을 했었는데,* 그때 미래 사회를 준비하며 가져야 하는 생각들을 정리해 볼 수 있어서 좋았다고 했다. 토론회에서 저자인 PD와 만났던 경험도 책에 더 특별한 의미를 부여해 준 것 같았다. 학생들이 추천해 준 《명견만리》 시리즈는 인구, 경제, 북한, 의료, 윤리, 기술, 중국, 교육, 정치, 생애, 직업, 탐구, 총 12가지 주제에 걸친 각계 전문가들의 심도 깊은 이야기를 세 권에 나눠 담은 책이었다.** 아이들의 꿈이 다양한 만큼 생각해 볼 수 있는 부분들도 다각도로 펼쳐져 있어서 올해 인

---

* '월드 카페World Cafe' 토론이란 카페 같은 편안한 분위기에서 즉흥적으로 떠오르는 생각들을 소통을 통해 공유하는 것이다. '지식과 지혜는 딱딱한 회의실에서 만들어지는 것이 아니라, 카페와 같이 열린 공간에서 이루어지는 사람들 간의 토론을 통해 생성된다'는 생각에 기반을 두고 있다. 참여자들 개개인이 주제를 만들어서 자발적인 토론을 진행하는 '오픈 스페이스 방식Open Space Technology'과 달리, 월드 카페를 진행할 때는 강력한 질문을 준비하는 것이 가장 중요하며 질문에 대한 답을 얻기 위해 결과를 취합하는 과정을 거치게 된다.

** 《명견만리》(향후 인류에게 가장 중요한 것들을 말하다 – 인구, 경제, 북한, 의료 편), 《명견만리_미래의 기회편》(윤리, 기술, 중국, 교육 편), 《명견만리_새로운 사회편》(정치, 생애, 직업, 탐구 편)

문학도 프로젝트의 책은 《명견만리》로 결정했다. 2학년은 이미 두 권을 작년에 읽어서 새롭게 나온 세 번째 권만 읽도록 했고, 1학년 은 매주 독서 시간에 세 권 중 자신의 진로와 연관 있는 책을 읽고 토론할 수 있도록 모둠을 구성해 줬다.

2018년에 탐방할 지역은 소설 〈돌다리〉(이태준)를 바탕으로 전 통과 근대화에 대해 토의했던 1학년들의 이야기에서 힌트를 얻었 다. 아이들은 전통과 근대화를 상징하는 도시로 각각 전주와 군산 을 꼽았고, 나는 해당 지역 청소년 수련관에 연락을 취해 학교와 지 역사회가 함께하는 프로젝트를 기획하는 작업을 시작했다. 이번 탐 방은 학생들의 진로를 구체화하는 데 중점을 두었던 만큼, 큰 주제 는 '나에게 길을 묻다!'로 정했다. 세부 탐구 주제를 선정하는 과제 는 역사 선생님과 사회 선생님께 조언을 구했다.

"군산과 전주라는 지역에서 이끌어 낼 수 있는 연구 주제는 뭐가 있을까요? 국어 선생이라서 군산을 소재로 한 문학만 생각나네요. 장소가 주는 의미도 좋고 전주와 군산에서 꼭 생각해 봐야 할 것들 이 있으면 말씀해 주세요."

갑자기 도움을 요청한 거지만 역시 다른 교과 선생님의 시각은 나와 조금 달라서 신선했다. 두 지역을 말씀드리자 전통문화의 유 지 · 발전 · 변화에 대한 것, 군산 근대거리, 전주 음식 문화, 전주 전동 성당의 의미, 전주국제영화제, 정부 정책 시행과 지역 활성화 문제 까지, 생각해 볼 거리들을 수북이 쏟아 놓아 주셨다.

선생님들의 의견들을 참고해, 1차 과제는 전주와 군산의 전통·역사·지리·문화·종교·정치·지역 활성화 중 한 측면을 선택해 살펴보고 그에 대한 의견을 논술하는 것으로 정했다. 학생들은 각자의 관심사에 따라 비교적 쉽게 주제를 고르고 관련 자료를 찾아 본 후 자신의 생각을 써냈다. 2차 과제는 세상에 대한 통찰을 담은《명견만리》를 읽고 지역사회와 나를 연결 지어 공통 주제를 찾은 후 이에 대한 서평을 작성하는 것으로 제시했다.[*] 2차 과제는 융합적인 사고를 위해 여러 가지 측면을 반영한 탓인지 과제의 의도를 이해하지 못하는 학생들이 있었다. 특히 나와 지역사회와 세상 간에 어떤 연관이 있는지 잘 모르겠다는 의견이 많았다. 그래서 좀 더 넓고 깊게 바라보는 활동이라는 점을 강조하면서 다양한 예시를 들어 줬다. 한 학생이 복도에서 "샘~ 저 이렇게 책을 오래, 그리고 많이 읽고 생각해 본 건 처음이에요. 쉽진 않지만 도전해 보려고요."라고 말해 준 덕분에 좀 더 확신을 갖고 힘을 얻기도 했다.

오래 생각하고 보지 않으면 개인이 가진 사고의 흐름은 단편적으로 전개될 수밖에 없다. 그래서 더욱더 탐방 전에《명견만리》를 통해 관심 갖게 된 지식을 토대로 지역사회의 모습을 바라보고, 자신의 진로에 대한 자문과 자답을 통해 스스로 얻은 깨달음을 글로 작성해 보기를 권했다. 그러자 처음에는 잘 모르겠다고, 제시된 방

---

[*] 참고 자료 2

법과 생각 나눔이 어렵다고
난리였던 아이들은 조금씩
세 가지를 엮어 내기 시작
했다.

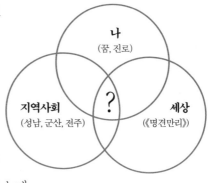

아직도 인문학도 탐방자로 선

정되어 뛸 듯이 기뻐했던 날이 눈에

선합니다. 밤새 이런저런 생각에 생각을 거듭하면서 인문학도 본선 과
제 보고서를 작성하던 제 모습을 떠올리면 한편으로는 뿌듯하고 대견
하기도 합니다. 물론 이 보고서 작성 과정에서 지역사회와 저의 진로
그리고 책《명견만리》와 연관 지어 하나의 글을 쓰는 것은 매우 힘들
고 어려운 과제였습니다. 처음에는 정말 어떻게 써야 할지 감조차 잡히
지 않아 막막했습니다. 하지만 깊이 있는 글쓰기 과정은 저의 꿈에 대
해 심층적으로 생각해 보고 세세한 부분까지 되짚어 보는 좋은 기회
였다고 생각합니다. 또 이러한 힘든 과정을 거치고 탐방을 떠났기 때
문에 '어떤 여행이 기다리고 있을까?' 하고 매우 기대하며 여행을 갈 수
있었던 것 같습니다. … 전주에서 친구들과 했던 '하루 종일 한복 체험
하기' '왕과의 산책 – 경기전 나들이' '야시장 투어' 등은 정말 잊을 수
없는 추억이 되었습니다. 저는 이 과정을 통해 스스로 한 단계 더 발전
한 것 같습니다. 아직은 많이 부족하지만 하나의 길만이 아니라 다른
길들도 살펴보는 삶의 여유를 가지는 사람이 되고 싶습니다. 그리고

시간이 지날수록 지금보다 더 발전한 모습을 보여 주고 싶습니다.

1학년 장민서

단단한 독서
_ 집단지성×자문자답

《명견만리》 시리즈는 학생들에게 사회를 바라보는 올바른 시각을 키워 줬고, 군산·전주 지역 탐방은 지역사회에 대한 재해석을 도왔으며, 각자가 가진 꿈은 생각을 구체화하는 화두가 되어 줬다. 게임 아트 디렉터가 꿈인 1학년 해관이는 《명견만리》의 교육, 직업, 탐구 부분에서 자기 진로와의 연관성을 찾아냈다. 그리고 '게임으로 잡는 두 마리 토끼-문화와 교육'이라는 주제로 서평을 썼다.

1. 온통 게임에 열광하는 세상 속에서 게임은 무조건 하지 말아야 하는 것인가? 게임 속에 담겨 있는 역사와 문화 그리고 세상과의 연결은 가능한 것인가?

군산을 배경으로 게임을 만든다고 생각해 보자. 20세기 초 역동의 군산. 일제의 쌀 수탈 정책에 의해서 항구도시로 급격히 성장해 나가는 도시 군산에서 플레이어들은 다양한 역할을 수행할 수 있을 것이다. 평범한 농민이 되어 3·1 운동에 기여할 수도 있을 것이고, 지주가 되어 돈을 벌고 그 돈을 다양하게 이용할 수도 있을 것이다. 해외의 독립군에게 비밀스럽게 자금을 후원할 것인가, 아니면 개인의 영달을 위해 사용할 것인가? 선택은 다양하다. 무술을 연마해 독립군에 가담할 수도, 일본 유학길을 통해 지식인이 되어 근대화 운동을 펼칠 수도 있다. 교과서에서만 만나던 실제 역사 인물과 상호작용하며 그들을 도울 수도 있다. 자신의 창의력을 이용해서 게임 속의 아이템을 디자인하고 판매함으로써 돈을 버는 유저도 생길 수 있다. 플레이어들은 게임을 통해 1930년대로 시간 여행을 해서 마치 자신이 그 시대에 태어난 사람인 것처럼 그 시대를 향유할 수 있는 것이다. 기존의 영화나 소설이 단순한 일방향 매체였던 것과는 다르다. 게임은 본질적으로 상호작용의 콘텐츠다. 제작자가 제공한 콘텐츠를 단순히 소비하는 것이 아니라, 다른 유저나 제작자와 소통하면서 긍정적인 선순환을 이루어 낼 수 있는 흐름을 만들 수 있다.

플레이어들은 게임이라는 매체를 통해서 현대에 되살아난 우리의 역사를 마주하게 될 것이다. 전통문화를 이용한 게임은 단순히 오락이나 여가라는 측면을 넘어, 우리의 문화와 뿌리를 아이들에게 교육할 수 있는 좋은 매체로도 사용될 수 있다. 아이들이 게임을 좋아하는 만큼 다른 교육 매체에 비해 흥미롭게 접할 수 있으며, 또한 그 과정에서 마치 자신이 실제로 역사 속의 사건들을 경험한 것 같은 느낌을 받게 되고, 그만큼 더 생생한 교육이 가능할 것이다. 아무리 훌륭한 교재와 아무리 훌륭한 교사라고 해도 그 시대의 사건을 그대로 체험하게 하기는 어렵다. 백문이 불여일견이라고 했듯이, 때로는 잘 만든 게임 하나가 100권의 책보다 더 많은 것을 경험하고 더 많은 지식을 얻을 수 있게 할지도 모른다.

2. 게임 속 세상은 좁은 것인가? 세상을 더 넓게 바라볼 수 있는 게임은 가능한가? 게임이 현실에서의 도피가 아니라 바깥세상과 어떻게 연결되는지 관심을 갖도록 만드는 것에는 무엇이 있을까?

잘 만든 게임 하나를 즐기는 것은 여행을 떠나는 것과 마찬가지라고 생각한다. 자신이 처음 마주하는 세계에서 플레이어들은 다양한 의문을 던진다. 이곳은 어떤 곳인가? 나는 여기서 무엇을 목적으로 하는가? 그 목적을 이루기 위해서 나는 어떻게 해야 하는가? 그러한 질문에 자연스럽게 대답하는 것이 좋은 게임이자 좋은 게임 개발의 목적이라고 생각한다. 그리고 게임 아트 디렉터는 그 질문에 예술이라는 요소로 대답해야 한다. 말로 하나하나 설명하고 지시하는 게임이 아니라, 자연스럽게 게이머들이 그러한 질문에 스스로 대답할 수 있도록 하는 것. 이것은 어떻게 보면 현대 교육의 목표와도 맞닿는 지점이라고 생각한다. 교육의 목표는 학생들이 단순히 교과서에 나열되어 있는 지식을 외우는 것이 아니라, 스스로 자신에게 질문하고, 그 질문에 대답할 수 있도록 하는 것이라고 생각한다. 기술과 통신의 발달로 정보량은 점점 늘어 가고 있다. 전문가라고 하더라도 자기 분야의 모든 지식을 머리에 넣는다는 것은 불가능에 가까워지고 있다. 이처럼 주어진 정보를 잘 외우는 능력이 아니라, 새로운 정보를 얻어 내는 능력이 점점 중요해지고 있다.

게이머가 게임을 즐긴다는 것은, 새로운 세계를 접한다는 것이다. 새로운 세계에서 잘 살아남기 위해서, 게이머들은 현실 세계와는 다른 기술이나 정보를 습득해야 한다. 이러한 과정은 우리의 현실과도 밀접한 관련이 있다고 생각한다. 빠르게 변화하는 세계와, 자신이 그동안 접한 적 없는 정보와의 만남. 우리는 새롭게 접하는 정보를 효율적으로 이용해야만 도태되지 않을 수 있다. 게임 아트 디렉터라면 게이머들이 새로운 지식을 쉽게 얻을 수 있도록 설명해 주는 능력을 갖출 의무가 있다. 이러한 능력을 게임뿐만이 아니라 우리의 전통문화, 역사와 접목시켜서, 청소년들이 미래 사회에서 갖춰 나가야 할 지식을 게임이라는 효율적이고 재미있기까지 한 매체를 통해 교육시킬 수 있다면 더 바랄 게 없을 것이다.

3. 게임 아트 디렉터를 꿈꾸는 나에게 문화를 체험하는 것은 왜 중요한가?

혹시 《반지의 제왕》이라는 소설을 읽어 본 적이 있는가? 《반지의 제왕》을 비롯한 다양한 판타지 소설을 쓴 작가 톨킨은 위대한 상상력을 바탕으로 판타지라는 장르의 개척자로서 현대 영문학에 정말 엄청난 공을 세웠다. 톨킨은 이러한 자신의 놀라운 성과의 바탕은 다름 아닌 오랜 이민족의 침입과 기록의 미비로 소실된 영국의 신화를 대체하는 새로운 신화를 만들고 싶었던 의지라고 말했다. 그는 관심이 깊었던 유럽과 아랍의 신화적 존재들을 정리하고 재창조해 자신의 새로운 신화인 '레젠다리움'을 만들어 낼 수 있었다. 이처럼 문화는 창작자에게 놀라운 영감을 주는 경우가 많다. 게임 또한 문화로부터 많은 것을 얻을 수 있을 것이다. 게임과 문화의 공존을 통해 1+1이 단순히 2라는 결과를 낳는 것이 아니라, 일종의 화학반응을 일으켜 우리가 예측할 수 없는 결과를 만들어 나간다면 어떨까. 나는 게임이라는 훌륭한 매체를 통해 전통문화의 발전과 지속 가능한 교육이라는 두 마리 토끼를 모두 잡을 수 있을 것이라고 생각한다. **1학년 정해관**

물론 해관이가 처음부터 이렇게 멋진 글을 쓴 것은 아니다. 이 학생은 평소 인문 사회 분야에 관심이 많았고 사회적 이슈에 대해 토론하는 것을 즐겼지만, 처음에 제출한 '예술과 전통의 만남'이라는 서평에서는 전통문화와 관광, 창작의 중요성 등을 자신의 꿈인 게임 아트 디렉터와 제대로 연관 짓지 못하고 있었다. 해관이는 전주와 군산을 답사한 후 조별 미션을 준비하는 과정에서 조원들의 피드백을 받으며 탐방 전에 썼던 보고서를 완전히 다시 작성했다.

그 미션은 '집단지성을 이용한 자문자답식 토론'을 활용해서 개인별 보고서를 작성하고 PPT 발표를 하는 것이었다. 이전의 모둠 연구 보고서는 2학년 선배들이 중심이 되어 1학년들의 역할이 다소 부각되지 못했지만 이 방법은 어느 누구도 소외되지 않고 자신이 중심이 되어 이야기를 이끌어 나갈 수 있다. 좀 더 개개인의 사고를 확장시켜 주고 싶은 마음도 있었고, 2018 인문학도 프로젝트의 주제가 '나에게 길을 묻다'여서 더욱더 필요한 작업이라고 생각했다. 어느 누구도 아닌 자신이, 앞으로의 세상과 자신이 서 있을 지역사회 그리고 자신의 꿈에 대해 끈질기게 탐구하고 집단지성에 도움을 요청하며 자신의 꿈을 더 단단하게 만들어 가는 것이 중요하다고 봤다.

　집단지성을 이용한 자문자답식 토론은 답사를 다녀오기 전에 각자 써서 교사에게 냈던 자신의 보고서를 조원들끼리 공유하는 것으로 시작한다. 보고서에 수정하고 싶은 부분이 있거나 부족했던 부분이 있을 경우 공유 전에 좀 더 보완하고 수정할 수 있다. 그 파일을 조원들과 나누고 피드백을 기다린다. 한 모둠 내에서 5명의 꿈이 김○○ - 건축가/이○○ - 교육자/박○○ - 소설가/윤○○ - 게임 개발자/조○○ - 심리학자 등으로 다양하게 나타날 수 있다. 그러면 같은 모둠의 구성원들이 자신을 제외한 다른 조원들의 글을 읽고 각각 A4 용지 한 쪽 이상 조언을 써 준다. 조언의 내용은 신문에 나온 이야기, 읽었던 책의 내용, 선생님께 여쭤 봤던 내용, 학교에서 배웠던 내용 등 글을 쓴 사람이 놓치고 있는 거라면 그 어떤 것도 가능하다. 서로의 글이 더 멋지게 완성될 수 있도록 이런저런 이야기들이 더 들어갔으면 좋겠다고 아낌없이 이야기해 주고 관련 자료를 얹어 준다. 피드백 자료를 받은 사람은 피드백 내용을 토대로 자신이 화두話頭로 생각했던 보고서의 내용을 수정하고 보완해서 최종 보고서를 완성하고 다시 교사와의 피드백 과정을 거쳐 발표를 준비한다.

자문자답은 스스로 통찰에 이르기 위한 방법이며, 이 과정에서 친구들의 피드백을 살펴보는 것은 자신의 통찰을 더 넓고 촘촘하게 만들 수 있는 기회다. 해관이도 4차 산업혁명이 만들 시대의 위기가 예술 산업의 발전을 가져올 것이라는 1학년 관태의 피드백, 예술이자 새로운 표현 매체로서의 게임 · 기존 예술 장르와 게임과의 관계 · 게임 산업과 사회와의 관계 및 확장 가능성에 대한 자료를 보내 준 선배 용현이의 피드백, '천하제일상 거상' 등 우리나라의 전통을 이용한 게임에 대한 소개와 경상남도 지역문화콘텐츠 – 게임의 융합 사례를 담은 윤하의 피드백, 인공지능이 대체할 수 없는 예술의 위대한 가치를 이야기한 수진이의 피드백을 받았다. 그리고 이를 토대로 미처 놓치고 있었던 부분들을 다시 생각하며 관심 분야를 자세하게 연구하고, 게임 아트 디렉터가 해야 하는 역할과 전통문화를 접목해 이전보다 훨씬 깊이 있는 자문자답 보고서를 만들어 냈다. '혼자만의 생각을 서로 공유하는 가운데 자신의 꿈이 더 견고해질 수 있다는 것'도 깨달았다.

미래 교육에 대한 끊임없는 준비, 전통 시장을 통한 청년 일자리 창출, 새로운 시장경제와 지역 경제 활성화, 국민과 함께하는 투명한 정치, 플랫폼을 통한 상생의 디자인 등 세 권의 책을 바탕으로 펼쳐진 아이들의 다채로운 이야기는 치열한 고민을 통해 만들어졌기에 더더욱 소중했다. 그중 '작가는 미래에도 살아남을 수 있는 직업인가?'라는 질문으로 시작했던 용현이의 글이 오래도록 기억에 남는다. 용현이는 전통의 계승이란 기존의 전통을 현대인의 방식으로 재해석하고, 그것을 공유하는 과정에서 새로운 의미를 찾아내는 것이며 그 중심에는 작가와 같은 예술가들이 서 있다고 이야기했다. 창의성은 결코 인공지능의 능력이 될 수 없으므로, 예술가들은 메말라 가는 현대인들의 감성을 붙잡아 풍요롭게 만들어 주는 역할을 할 수 있으며 스스로도 전통과 현대, 인간과 로봇이 공존하는 세상 속에서도 빛을 발하는 전통과 인간다움을 이끌어 내기 위해 노력할 것이라고 다짐했다. 용현이의 이야기는 우리가 지치지 않고 끊임없이 인문학도 여정을 떠나야 하는 이유인지도 모른다. 현실이 아무리 어두워도 그 속에서 희망을 찾을 수 있는 힘, 그리고 그 희망을 만들기 위해 지치지 않고 노력할 수 있는 힘을 인문학도 프로젝트에 함께한 학생들이 발견했기를 바란다.

펼쳐진 모든 길이
바로 너이기에

나는 대학 졸업 후 5년간 방황했다. 대학교 1학년 때는 가수가 되겠다고 케이블 TV 가요제도 마다하지 않고 나갔고 2~3학년 때는 아나운서가 되고 싶다며 학교 방송국에서 일했다. 4학년 때는 음악 방송 DJ가 되고 싶었다. 라디오 음악 방송 DJ가 되려면 먼저 방송국에 입사해야 한다는 말에 PD, 아나운서, 성우, 연기자, 심지어 개그맨까지 방송국에서 사람을 뽑는다는 이야기가 들리면 닥치는 대로 '무엇이든 하나는 되겠지'라는 생각으로 입사 시험을 쳤다. 그러나 모두 보기 좋게 떨어졌다. 이후 모 프로덕션 PD가 되어 광고나 기업 홍보 비디오 제작을 했지만 내가 생각했던 꿈과는 너무 거리가 멀었고, IMF 이후 밀린 월급과 밤낮없이 일해야 하는 열악한 근무 환경이 나를 지치게 했다.

대학교 때 친구들 따라서 따 두었던 중등 교사 자격증은 고민하던 나에게 인생에서 또 다른 선택을 할 수 있는 기회를 줬다. 교사의 꿈을 위해 새로운 각오로 1999년 수능을 보고, 처음부터 다시 시작하자는 생각으로 교대에 들어갔다. 하지만 그곳에서의 일 년은 정말 참담했다. 나는 다시 임용 고시를 보기 위해 고시원으로 향했다.

가끔 친구들을 만나면, 네가 어떻게 교사가 되었냐며 연예인이 될 줄 알았다고 웃을 때가 많다. 돌이켜 보면 늦깎이 대학생이 국어 선생님이 되기까지 참 많은 시행착오들이 있었다. 내가 방황했던 시간이 있었기에, 아이들은 현실의 벽과 타협하지 않고 진로를 선택하고 미래를 그릴 수 있도록 이끌어 주고 싶었다. 그리고 학생들과 함께 그들이 꿈꾸는 미래를 이야기하고 싶었다.

'밝은 눈으로 만 리를 내다보는 안목을 갖추라'는 뜻이 담긴《명견만리》, 같은 책을 읽고도 교육가, 정치인, 경제학자, 창업가, 사회 복지사, 검사, 항공기 조종사, 디자이너, 작가, 박물관 큐레이터 등 각양각색의 꿈을 이야기하는 우리 아이들의 모습에서 알 수 있듯, 세상은 하나의 길만 있는 것이 아니다. 나는 학생들이 책 속에서 자유롭게 사유하고, 그 사유가 교실뿐만 아니라 아이들이 발 디디는 모든 삶의 현장으로 이어지기를 소망한다. 그래서 조금은 힘들고 어렵지만 직접 부딪치고 깎이며 배우는 교훈들이 오히려 삶에 도전할 수 있는 용기를 심어 준다는 것을 알려 주고 싶다. 인문학도 프로젝트라는 긴 여정을 계속 걷는 이유가 여기에 있다. 학교가 입시와 경쟁으로 숨 가쁜 곳이 아니라 책 한 권 읽고 사유하는 여유를 누릴 수 있는 공간, 삶을 되돌아보고 설계할 수 있는 공간으로 확장되기를 기대한다.

같은 책을 읽고도 교육가,
정치인, 경제학자, 창업가,
사회복지사, 검사, 항공기
조종사, 디자이너, 작가,
박물관 큐레이터 등
각양각색의 꿈을 이야기하는
우리 아이들의 모습에서
알 수 있듯, 세상은 하나의
길만 있는 것이 아니다.
나는 학생들이 책 속에서
자유롭게 사유하고, 그 사유가
교실뿐만 아니라 아이들이 발
디디는 모든 삶의 현장으로
이어지기를 소망한다.

　　예전에 중간고사가 끝난 1학년들과 내신 성적, 대학 진학, 진로에 대한 개인적인 고민들을 나눈 적이 있다. 각자의 이야기를 조금씩 꺼내 놓는데 한 학생이 이런 질문을 했다. "선생님, 저 공무원이 꿈인데 내신 성적 안 좋으면 공무원 못 하나요? 공무원은 내신 얼마면 돼요? 지금부터 공무원 공부하면 9급 공무원은 되겠죠?" 왜 공무원이 꿈이냐고 묻자 학생은 서슴없이 대답했다. "편하잖아요. 안정적이고… 장가도 잘 가고. 엄마도 좋아하세요." 그 순간 나는 무언가에 얻어맞은 기분이었다. 공무원이라는 직업을 무시하는 것이 아니라 열일곱 살, 한창 무지개빛 꿈을 꾸며 들떠 있어야 하는데 공무원이 못 될까 봐 전전긍긍하는 모습이 너무나 안쓰러웠다. 꿈을 이야기하는 말 속에 자신이 아니라 부모님의 선호도와 세상에 대한 판단만 존재하는 것 같아 더욱더 안타까웠다. 우리 아이들이 부모님이 만들어 준 세상의 틀에서 벗어나지 못하는 것은 아닌지, 자신의 꿈에 대해 깊이 있게 생각해 본 적은 있는지, 어떤 생각들로 세상을 바라보고 있는 건지 걱정스러웠다. 현실적인 꿈이 아니라 스스로에게 가치 있는 꿈을 꾸고 그것을 세상에 구현하기 위해 노력하는 사람이 되도록 더 넓은 세상과 만날 수 있게 도와야겠다는 생각이 들었다.

　　교사로서 아이들에게 해 줄 수 있는 말들은 교과 지식 외에 그리

많지 않다. 그리고 아이들의 세상은 내가 살아온 시간들과 다르게 펼쳐질 것이기에, 또 다른 삶을 이야기할 때 '이것이 정답'이라고 하기가 어렵다. 그래서 나는 학생들과 수업을 하면서 먼저 무엇을 할 것인지, 어떻게 살아갈 것인지를 고민해 보게 한다. 책과 자유롭게 만날 수 있도록 돕고, 아는 것과 해 보는 것의 차이를 느끼고 깨닫도록 이끌고자 노력한다. 죽도록 하고 싶은 일, 그것을 하면 가슴이 꽉 채워져서 행복한 일, 남들에게 잘 보이기 위한 것이 아니라 자기 자신이 행복할 수 있는 일이 무엇인가를 생각해 보고 찾아보는 계기가 되길 바라면서. 중요한 것은 자신의 삶 속에 모든 것을 관통하는 분명한 화두를 갖는 것이리라.

요즘 고등학생들을 보면 입시라는 목표를 향해 꿈도 없고 재미도 없이 시들어 가는 것 같다. 나는 모든 아이들이 세상에 보이지 않지만 빛나는 보석들이 얼마든지 있다는 것을 발견하게 되기를 바란다. 삶이 팍팍하고 힘들어지지 않도록 가슴을 설레게 하는 꿈을 지니길, 남과 조금 다른 삶을 살더라도 정말 이루고 싶은 소망 하나를 품고 살아가는 자의 열정과 그것을 이루어 냈을 때의 당당함을 지니길 바란다.

꿈을 이루려면 무엇보다 나를 사랑해야 한다. 삶의 지혜를 배우며 생각을 넓혀야 한다. 물론 나 혼자만의 힘으로는 이 모든 것들이 불가능하다. 필립과 페리의《인생학교 정신》에는 "우리에겐 우리를 도와주는 아군이 있어야 하고 우리 또한 누군가의 아군이 되어 줘야 한다."라는 문구가 있다. 아직 우리 교육은 입시와 수많은 현실적 제약들로 인해 사막처럼 척박하지만, 사막에도 오아시스가 있듯이 책 속에서 인생의 소중한 지혜와 가치를 발견하는 학생들이 있기에 함께하는 독서교육을 멈출 수 없다는 생각을 한다. 그래서 나는 또 같이 걸어갈 '우리'를 기다린다. 우리가 함께하면 길이 된다.

참고 자료 1 2015 인.문.학.도人.文.學.道 〈추진 계획서〉

구분	세부 추진 계획
예선 대회 1차	1. 일시: 2015년 5월 6일(수) 2. 대상: 2015 人.文.學.道 (인.문.학.도: 사람과 글을 배우고 내 길을 찾다!) – 　사람의 길, 리더의 꿈 프로젝트 연구 대회 참가 희망자 3. 과제: 형식 및 분량 제한 없음 • 과제 1 도서 《징비록》을 읽고 감상문 제출 ① 책에 대한 이야기 ② 내용에 대한 감상 ③ 나에게 미친 영향 • 과제 2 ① 각 주제별로 토론하고 싶은 내용 5가지를 제시하고 제시한 이유 밝히기 　제 1주제: 민족 시인 이육사의 삶과 문학 　제 2주제: 앎과 삶이 어우러진 선비, 퇴계 이황 　제 3주제: 오늘을 인도하는 삶의 자양분, 유교 　제 4주제: 애민 정신과 리더십 – 서애 류성룡 ② 《징비록》과 관련해 이야기하고 싶은 내용 5가지 제시하고 이유 밝히기 4. 내용: 2차 예선 진출자 선발
예선 대회 2차	1. 일시: 2015년 5월 8일(금) 2. 대상: 1차 예선 통과자 3. 과제: 《징비록》 관련 모둠 독서토론을 통한 개인별 역량 평가(비경쟁독서토 　론 방식) 4. 내용: 최종 진출자 선발 5. 모둠 구성: 전체 주제 연구 협력을 위한 1, 2, 3학년 '멘토 – 멘티'의 연결
인문학 역사 문화 탐방	1. 일시: 2015년 5월 10일(일)~11일(월) 2. 대상: 1, 2차 예선 통과자 학생 35명+인솔교사 11명 • 역사와 함께하는 인문학 문화 탐방을 테마로 프로그램 진행 • 멘토(2, 3학년) – 멘티(1학년)로 모둠을 구성해 모둠별 체험 활동
본선 대회	1. 일시 • 2015년 6월 25일(목) 중간보고서 발표 • 2015년 9월 24일(월) 최종 보고서 완성본 제출 • 2015년 10월 2일(금) 시상작 발표 및 전시 2. 대상: 최종 연구자 3. 발표 방법: 모둠별 연구 설명 및 간단 보고 발표, 모둠별 연구 내용 심사 (인문사회부 및 연구부 교사 전원)
기타	1. 발표 후 모둠별 연구 내용 자료집 발간 및 전시 2. 수상자 및 참가자 발표 실적 생활기록부 기록

구분	세부 추진 계획
탐방자 선정 (1차 과제)	주제(택1) ① 전통문화의 유지, 변화, 발전에 대한 자신의 생각을 쓰시오. ② 전통문화 유산 관련 여행 상품 개발과 지역사회 활성화 방안에 대한 자신의 생각을 쓰시오. ③ 군산 근대거리가 갖는 역사적, 지리적 의미에 대한 자신의 생각을 쓰시오. ④ 전주의 전통 음식 문화에 대한 자신의 생각을 쓰시오. ⑤ 전주 전동성당의 의의에 대한 자신의 생각을 쓰시오. ⑥ 전주국제영화제를 통한 우리나라 영화 산업 활성화 방안에 대한 자신의 생각을 쓰시오. ⑦ 정부 정책 시행과 지역 활성화와의 관계에 대한 자신의 생각을 쓰시오.
탐방자 선정 (2차 과제)	세상에 대한 통찰은 담은 《명견만리》를 읽고 지역사회(성남, 전주, 군산)와 나(나의 진로, 꿈)를 연관 지어 공통 주제를 찾고 이에 대한 서평을 3쪽으로 작성하시오. • 참신성과 자신의 진로 및 꿈을 연결하는 깊이 있는 사고력이 중요함. • 첨부된 양식의 틀을 사용할 것. (글자 10포인트, 줄 간격 160, 장평 100) •《명견만리》1,2,3권 중 한 권의 내용 또는 한 장의 내용과 연결해도 됨. 제시된 도서 《명견만리》는 세상에 대한 좀 더 넓은 통찰 그리고 사회의 모습과 변화를 반영해 자신의 꿈을 설계할 수 있도록 하는 화두話頭 역할임. • 예시 ①《명견만리》–2부 경제 4장 '로봇이 대체 못할 직업을 가져야 하나'와 연관 지어 로봇공학자가 되려는 나의 꿈 그리고 전통과 현대의 갈림길에서 새로운 시장을 개척해 나가려는 지역사회(전주, 군산)와의 연관성에 대해 이야기하며 앞으로 자신이 개발하려는 로봇 분야가 전통문화를 지키고 가꾸는 분야에도 기여할 수 있음을 논함. ②《명견만리_미래의 기회편》–4부 교육 10장 '지식의 폭발 이후, 어떤 교육이 필요한가'라는 주제와 연관 지어 교육자의 꿈을 설명하고, 책 속에만 머무르지 않고 삶과 연계된 수업을 구상함. 전통과 현대의 가치관 갈등에 대한 소설을 가르칠 때 두 개의 가치관이 충돌하며 새로운 시장과 문화를 만들어 가고 있는 성남·전주·군산 지역 프로젝트 답사를 기획하겠다는 계획을 제시함.

시니까
같이 읽자

영혼을 치유하는
씨앗 심기

문숙희
동탄고등학교
msk1972@korea.kr

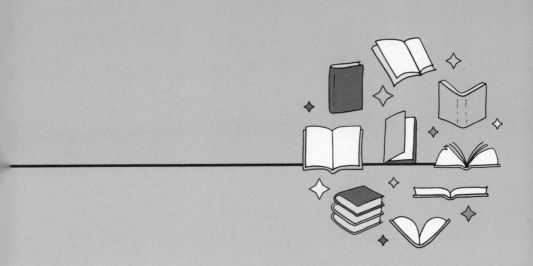

도대체 우리는 전생에
무슨 죄를 지었을까?

2015년. 15년을 중학교에서 칼퇴근을 하며 지내다가 용
기를 내어 비평준화 일반계 고등학교인 동탄고등학교로 옮겼다. 덕
분에 매일 8교시 보충수업에, 야간 자율 학습 감독에, 방학 보충수
업까지 하면서 다시 고등학생이 된 것처럼 10시까지 '별 보기 운동'
을 했다. 한 달에 한 번 유일하게 5시 하교하는 날을 '가족의 날'이라
불렀는데, 평소 바쁜 일정으로 아무 생각 없이 살다가도 오히려 그
날이 되면 나는 심각하게 우울해졌다. 애들은 젊기라도 하지 늙어
서 보약으로도 몸이 회복되지 않는다고, 매일 계속되는 야간 자율
학습에 지쳐 동료 교사들에게 투덜댔다. 내 말을 들은 한 교사가 진
지한 표정으로 말했다. 정시를 준비하는 학생들이 많아서 보충수업
을 피하기 힘든 고등학교의 국어 · 영어 · 수학 교사들은 분명히 전생

에 죄가 많아 늙어서도 매일 문제집을 풀어야 하는 벌을 받은 거라고. 그렇다면 과연 아이들은 전생에 무슨 죄를 그렇게 또 많이 지었는가?

야간 자율 학습 감독을 해 보면 70%가 수학 문제집을 풀고 있고, 20%가 영어 문제집을 풀고 있다. 그럼 국어는? 나머지 10%도 탐구 영역 과목들과 나누는 처지라 가끔 영어가 양보한 자리를 빌릴 수는 있어도 철옹성 같은 수학의 자리를 넘보지는 못한다. 수학數學 능력이 대학 수학修學 능력이라는 농담이 통하는 게 고등학교의 현실이다. 나침반이 북극을 가리키듯 대학 입시라는 한곳을 향해 영화 〈부산행〉의 기차처럼 폭주하고 있는 고등학교에서 학생들은 보충수업 시간에도, 자율 학습 시간에도, 심지어 수업 시간에서조차 좀비처럼 문제집과 씨름한다.

인류 역사상 가장 풍요로운 시대를 살면서도 우리의 영혼은 그 찬란한 풍요의 그림자 속에 머물고 있는지도 모른다. 입을 닫고 오로지 하나의 정해진 답만을 찾는 교실에서 아이들은 안드로메다로 순간 이동을 해 버리고, 교사는 덩그러니 남아 고장 난 라디오처럼 정해진 대사들을 중얼거릴 수밖에 없다.

교실에 가득한 학생들이 별이라면 수업이 환하게 빛나는 순간은 언제일까? 나는 아이들이 자신을 자유롭게 표현하는 순간이라고 생각한다. 나는 꿈꾼다. 수업 시간에 아이들이 문제를 위해 조각나고 편집되지 않은, 하나의 온전한 예술로서 소설과 시를 읽고 대화를 나누는 장면을. 작품이 한 사람의 영혼에 닿고 한 사람의 영혼이 다른 사람의 영혼에 닿는 그 순간을. 그래서 독서수업이다.

운명처럼 만난
독서교육의 고수들

내가 청개구리 기질이 있어서 그런지는 모르겠지만, 가끔 이런 생각을 한다. 어렸을 때 일기만 매일 강제로 쓰게 하지 않았어도 학생들이 그렇게 쓰기를 싫어하지 않을지도 모른다고. 어렸을 때 독후감만 강제로 쓰게 하지 않았어도 학생들이 그렇게 독서를 싫어하지 않았을지도 모른다고. 잃어버린 자발성을 되찾게 해 주는 것이 중요하다고 생각했다. 그런 이유로 내가 오래 해 온 것은 '5분 독서'였다. 5분 독서는 독서라면 손사래를 치는 아이들에게 독서의 물꼬를 트는 방법으로 효과적이었다. '좋아하는 책을 읽는다' '단지 읽기만 한다'. 그 단순한 규칙만으로 많은 아이들이 책과 친해졌다.[*] 한 해의 수업 평가를 받아 보면 가장 많이 나오는 말이 "선생님, 5분 독서 시간 더 주세요." "도서관 독서 자주 해요."였다. 꾀돌이 톰 소여가 자기가 해야 할 일인 페인트칠을 지나가는 친구들에게 놀이처럼 속여 대신 시킨 것처럼, 책을 감질나게 읽게 하면 책 읽을 시간을 더 달라고 아이들이 조르게 되는 기이한 일이 벌어진다. 아이들과 독서로 '밀당'을 하게 되는 영광을 얻게 되는 것이다. "자, 책 덮고 교과서."라고 하면 볼멘 탄성이 나올 정도의 좋은 분위기면 미안하다고 사과하며 내심 미소를 짓는다.

하지만 마중물은 마중물일 뿐 수업을 통해 독서 활동을 깊이 있게 다루고 싶은 갈증이 여전히 남아 있었다. 솔직히 나는 다독을 하는 독서가도 아니고, 깊이 있고 날카롭게 글을 읽어 내는 능력도 없다. 우선 독서의 양부터 부족해서 고전은커녕 소설도 짧은 단편이 더 좋다. 문학도 소설보다 시를 좋아한다. 그런 내가 경기도중등독서교육연구회의 일원이 되고 화성지회에서 좋은 선생님들을 만나게 된 것은 순전히 우연이다.

2013년 가을, 독서를 좋아하는 같은 학교 선생님이 혼자는 쑥스럽다고 독서토론 실기연수를 같이 듣자고 하셨다. 운이 좋아 경쟁

---

* 5분 독서는 아침독서를 해 오던 중 만나게 된 故성하성 선생님의 글쓰기 철학을 국어 수업에 응용한 것이다. 선생님께서는 어떻게 하면 학생들의 삶을 가꿀 수 있는 국어 수업을 할까 고민하며 실패를 거듭하다, 본인이 직접 해 보고 효과적이었던 수업 방법을 가르쳐 주셨다. 학생들이 자기표현을 통해 행복을 느낄 수 있도록 글쓰기의 물꼬를 트는 '1분 글쓰기, 3분 글쓰기'가 그것이었다. '내용의 완성도를 묻지 않는다' '중요한 것은 제한된 시간 내에 채우는 글자의 수다'. 그 단순한 규칙만으로도, 글쓰기를 그렇게 싫어하던 아이들이 마치 게임처럼 경쟁적으로 주저리주저리 자기도 모르게 글을 썼다. 아침독서에서는 주로 15분, 10분 독서를 하는데, 5분 독서도 충분히 의미가 있다고 생각한다. 물론 5분 독서가 교사의 설득만으로 성공하기는 쉽지 않다. 그래서 가능하면 수업 과정 평가에 반영한다. 점수를 얻는 방법은 교과서 본문 읽기부터 발표, 보조 교사 활동까지 많지만, 유일한 감점은 5분 독서의 준비도다. 준비도란 '읽을 책'과 '국어 교과서'를 올려놓고 자리에 앉아서 책을 읽는 것이다. 여타의 능력과 상관없이 성의만 있으면 된다.

률이 높다는 그 연수를 수강하게 되었고, '한 사람이 10권의 책을 읽는 것보다 10명이 한 권의 책을 읽고 나누는 재미'를 알아 버렸다. 책보다 사람이 더 좋았다. 모임을 통해서 알게 된 서로 다른 교과의 선생님들, 새로운 책들, 나와 전혀 다른 관점의 얘기들이 좋았다. 그렇게 독서 모임을 시작한 후 나는 독서교육 고수들의 집합소인 전국국어교사모임 독서분과 물꼬방 선생님들께서 무제한으로 제공해 주시는 수업 자료와 수업 방법을 열심히 배우며 가랑비에 옷 젖듯 독서 모임의 일원이 되어 갔다.

어떻게 시로 토론을?

연구회 모임을 시작했을 때만 해도 나는 전체 학급이 12학급밖에 없어 전교생이 서로의 얼굴을 다 아는 가족적인 분위기의 기산중학교에 있었다. 교사 수가 적어 업무가 다른 학교의 두세 배였지만, 스스로 만든 창작 단편소설로 북 아트를 만드는 수행평가를 90% 이상의 학생이 밤을 새워 가며 해낼 정도였으니 아이들이 착해도 너무 착했다.

쉽게 만날 수 없는 국어 친화적인 아이들이 있는 천국 같은 곳에서의 평화를 뒤로 하고 내신 경쟁으로 전쟁터가 되어 버린 고등학교로 옮긴 것은 연구회에서 만난 고등학교 샘들의 꼬드김도 있었지만, 유동걸 선생님이 2014년 전국국어교사모임의 강좌로 개설한 시 토론 연수의 강렬한 여운 때문이었다.

처음 이 연수를 신청한 이유는 '과연 어떻게 시로 토론을 할 수 있을까?'라는 단순한 호기심 때문이었다. 당시 동아리 아이들과 소설로 독서토론을 하는 재미에 맛을 들인 상태였기 때문에, 조금만 과로하면 잇몸이 부어 버리는 저질 체력에도 불구하고 그 궁금증을 내려놓을 수가 없었다. 그런데 연수에 가 보니 토론을 하나의 이벤트가 아니라 일상적으로 수업에 녹여 쓰고 있던 선생님들이 계셨다.

중학교에서도 시를 다루지만, 고등학교에서는 교사도 처음 보는 다양한 현대시들을 상대적으로 더 많이 다룬다. 연수를 듣는 동안 내가 이해할 수 없는 현대시들이 너무도 많다는 사실에 충격을 받았고, 그만큼 그 시들을 이해하는 과정에서 큰 매력을 느꼈다. 시는 이해하기 어렵지만 더 자유로운 대화를 가능하게 하는 텍스트다. 자유로운 대화는 시적 화자가 처한 상황과 정서에 다가가게 하고, 독자 자신의 경험을 일깨울 뿐 아니라 독자와 다른 독자까지 소통하게 만드는 힘을 발휘한다. 특히 '시 토론'은 시와 관련된 다른 어떤 활동들보다 시 원문 자체에 가장 충실한 활동, 심화된 활동이다. 시는 누구에게나 어렵다. 어려우니까 서로 도와야 하고, 대화를 나눠야 한다. 여럿이서 더듬어 가다 보면 어느 순간 느껴지는 것이 있다. '어떻게 시로 토론을?'이 아니라 '시니까 토론'이다.

그렇게 시가 우리의 가슴에
퍽 하고 꽂혔다

　　돌이켜 보면 내게 시 토론*은 길을 헤매다 40분이나 늦게
도착한 첫 연수에서 한 선생님이 소개해 주신 박완호 시인의 〈염소
울음이 세상을 흔든다〉로 시작된 것 같다. 낳은 지 사흘 된 새끼를
잃은 허기로 밥그릇을 핥고 있는 어미 염소의 이야기다. 선생님께
서는 입시의 압박에 시달리며 죽음을 생각하는 고3 제자를 떠올리
시며 안타까움으로 목이 메어 이야기를 잇지 못하셨다.

　　굳이 고3이 아니라 하더라도, 그해 우리는 세월호로 인해 참으로
힘든 한 해를 지나고 있었다. 우리를 쥐어짜고 있는 괴물 같은 자본
과 그를 닮아 부끄러움도 없는 가진 자들의 탐욕이 얼마나 견고하
고 거대한 세계였는지를 엄마로서 교사로서 외면하며 산 죄, 그 세
계에서 살아남느라 버둥대며 잃어버린 것들에 대한 회한. 그래서
시였는지도 모르겠다.

　　네루다를 인용하자면 그렇게 '다시' 시가 내게로 왔다. 연수를 통
해 김행숙, 심보선, 이제니 시인을 처음 만났다. 특히 신도림에서 꾹
꾹 눌러 담은 도시락처럼 사람을 꽉 채운 지하철을 타고 구로를 지

---

* 여기서 '토론'이란 자유로운 대화를 의미한다. '시 대화' 대신 굳이 '시 토
론'이라는 용어를 쓴 이유는 시의 의미를 구성하기 위해 모둠원들과 함께 협력해서 자유
롭지만 적극적이고 열띤 대화를 나눈다는 점을 강조하기 위해서다.

날 때 읽었던 김사이 시인의 시들은 교사 임용 준비를 위해 서울에 올라와 가리봉동에서 노량진으로, 노량진에서 가리봉동으로 부유했던, 허기졌던 '처음'의 나를 떠올리게 했다.

같은 해 겨울, 기말고사가 끝나고 남은 진도를 서둘러 마무리한 다음 아이들이 제출했던 시 서평을 공유하고 친구들이 고른 시와 시 서평 중 마음에 드는 것을 소개하는 활동을 했다. 서평 속에 있는 160여 편의 아름다운 시들이 자꾸 내 발목을 잡아 여느 때보다 채점에 시간이 오래 걸렸는데, 그 감동을 아이들에게도 나눠 주고 싶어서였다. 그러다 어느 반에서 사건이 터졌다.

"선생님, 이렇게 써도 되나요?"

나태주의 〈시간〉*이라는 시로 서평을 쓴 한 아이가 모둠 활동에 도움이 되라고 쓰게 한 자기 감상을 보여 주면서 물었다.

"응, 그냥 네 느낌을 편히 쓰면 돼."

누군가 한 사람 창가에 앉아
울먹이고 있다

햇빛이 스러지기 전에 떠나야 한다고
한 번 가선 돌아올 수 없는 길을

———————   *   나태주, 《눈부신 속살》, 시학, 2008

가야만 한다고

그 곳은 아주 먼 곳이라고

조그만 소리로 속삭이고 있다

잠시만 더 나와 함께 여기

머물다 갈 수는 없나요?

손이라도 잡아 주고 싶어 내밀었을 때

이미 그의 손은 보이지 않았다

그 아이가 속한 모둠이 발표할 차례가 되자 아이가 말했다. 5학년 때 해외 출장을 간다면서 일 년이 지나면 돌아오겠다고 한 사람이 있었다고. 그런데 그 사람은 4년이 지난 지금도 돌아오지 않는다고. 이 시를 읽으니 그 사람 생각이 난다고. 아이들이 물었다. 그 사람은 누구고, 왜 돌아오지 않느냐고. 아이가 대답했다. 그 사람은 아빠고, 아빠는 그렇게 엄마와 자신을 떠났다고. 그게 그 사람의 마지막이었다고. 한 학년이 5학급밖에 안 되는 소규모 학교고 단일 학군이라 거의가 유치원 때부터 쭉 같은 학교를 다녀 서로의 사정을 잘 아는 편인데도, 몇몇 여자아이들은 울음을 참아 내지 못했다.

시인이 무슨 의미로 이 시를 썼는지 나는 모른다. 아마 사랑하는 사람이나 가족과 죽음으로 인해 헤어지지 않았을까 상상해 봤을 뿐이다. 하지만 그 교실에 있었던 우리에게 나태주의 〈시간〉은 말로는 설명이 불가능한 뜨거운 화살촉이 되어 가슴에 퍽 하고 꽂혔다.

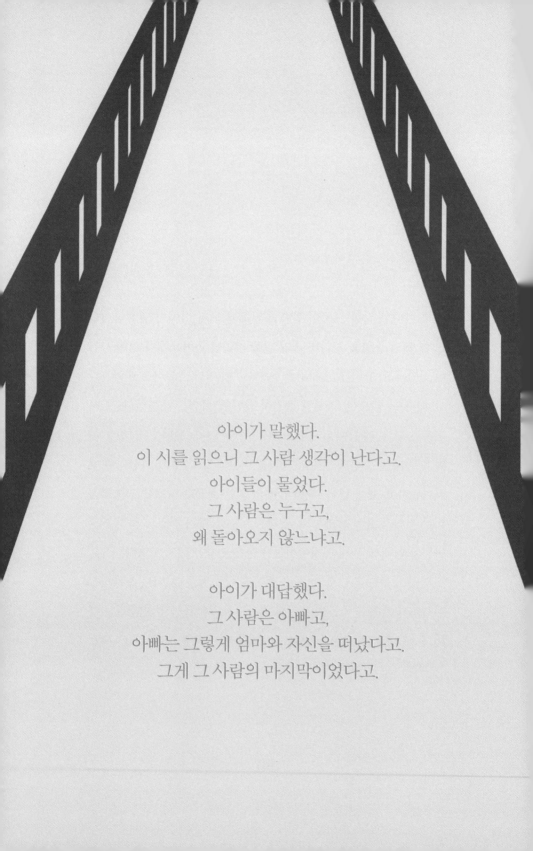

아이가 말했다.
이 시를 읽으니 그 사람 생각이 난다고.
아이들이 물었다.
그 사람은 누구고,
왜 돌아오지 않느냐고.

아이가 대답했다.
그 사람은 아빠고,
아빠는 그렇게 엄마와 자신을 떠났다고.
그게 그 사람의 마지막이었다고.

문학을 책에 나와 있는 설명으로 가르치는 것은 쉽다. 그러나 거기에는 '문학적 감수성의 체험'이라는 알맹이가 없다. 시는 설명하지 않아도 그 자체로서 아이들의 감수성을 자극한다. 식물이 햇빛에 반응하듯 인간은 본능적으로 아름다움에 끌린다. 우리말이 아름다운 것이라고, 우리말을 사랑하라고 10번 얘기하는 것보다 아름다운 시 한 편이 주는 울림이 크다. '모르겠다' '어렵다'를 연발하면서도 아이들은 참 신기하게도 좋은 시를 고르고 깊이 있게 감상하는 능력이 있었다. 그동안 아이들과 함께 시를 읽은 이야기를 소개해 본다.

닭이 먼저 달걀이 먼저?
_ 시 창작

본격적으로 시를 읽기 전에 중요한 것은 역시 마중물이다. 나는 평소 수업 시간에 시가 나오면 언제나 소리 내어 읽기부터 시킨다. 시는 원래 노래니 소리 내어 읽어야 언어가 주는 음악적인 아름다움을 제대로 감상할 수 있다. 이는 누구나 부담 없이 참여할 수 있는 활동이고, 말 그대로 누구나 자신의 목소리를 내는 활동이며, 조는 아이들까지 모조리 깨워 수업을 활기찬 분위기로 이끌 수 있다는 점에서 단순하지만 매력적인 활동이다.

그다음에는 시를 직접 공책에 쓰고 음미하게 한다. 시는 한 번 읽

153

어서 그 깊은 의미를 제대로 알 수 없기 때문에 여러 번 읽는 것이 중요하다. 하지만 눈으로 읽는 묵독은 그 속도가 너무 빠르다. 마음속으로 시를 읽으며 또박또박 한 자 한 자 쓰다 보면 의미를 되새길 수밖에 없다. 공책에 옮겨 쓴 시에는 반드시 자신만의 생각과 느낌을 솔직하게 써야 한다. 물론 처음에는 아이들이 힘들어하지만, 필사를 하다 보면 시를 음미하게 되고 그 과정을 통해 자연스럽게 떠오르는 여러 가지 느낌과 질문을 편하게 쓰게 된다.

조금 역설적이지만, 중학교에서는 주로 시 창작을 통해 시를 읽었다. 평생 학생들과 시 창작을 해 오신 배창환 선생님의 《이 좋은 시 공부》를 길잡이 삼아 중학교 1학년을 대상으로 총 6차시에 걸쳐 수업을 진행했었다. 시를 읽고 패러디 시 쓰기를 한 다음, 시를 창작하고, 창작한 시에 그림을 더해 시화를 만드는 과정에서 자연스럽게 시를 읽고 감상하는 경험을 늘려 나갔다.

교과서 작품들을 먼저 다룬 후, 재미있는 시를 20편 정도 골라 프린터로 등사해 나눠 줬다. 학생들의 삶이 담긴 시를 창작하는 게 중요한 활동이라 아이들이 좋아하는 짧고 쉽고 재미있는 시, 학생들이 쓴 시, 태어나서 한글을 처음 배운 할머니들이 맞춤법도 다 틀려 가며 쓴 시 등을 예시로 소개하고 용기를 줬다. 시 속에 내 일상의 한 장면을 담아야 한다는 것을 강조했고, 그러다 보니 자연스럽게 학생들의 시 속엔 나뿐만 아니라 가족이나 친구들도 함께 등장했다.

같이 읽은 시 중 김용택 시인의 〈이 바쁜데 웬 설사〉는 짧고 재미있어서 학생들이 좋아했다. 김영승 시인의 〈반성 100〉, 배한권 학생의 〈엄마의 난닝구〉도 쉽고 감동적이라 삶의 한 장면을 묘사하는 시로 함께 읽기 좋았다. 칠순이 넘은 시골 할머니들이 낸 시집인 《시가 뭐고?》《콩이나 쪼매 심고 놀지머》는 시가 어렵다는 편견, 시는 전문가들의 전유물이라는 편견을 깨는 데 도움을 줬다. 비룡소에서 나온 안도현 시인의 《냠냠》, 함민복 시인의 《바닷물 에고, 짜다》, 신현림 시인의 《초코파이 자전거》, 최승호 시인의 《펭귄》은 동시집이라 쉽고 재미있으면서도 표현이 뛰어났다. 이 시집들은 작은 그림책 형태라 시 창작뿐만 아니라 시화를 그릴 때도 큰 도움이 되었다.

시 창작 수업을 할 때 무엇보다 중요한 것은 학생 작품들을 완성도와 상관없이 교실이나 복도에 최대한 많이 전시해서 공유하는 일이다.* 국어교육을 통해 기르고자 하는 것은 전문 직업인으로서의 시인이 아니라 시적인 감수성을 가진 사람, 시로 자신을 표현할 수 있는 사람이다. 학생들의 작품은 특별한 재료 없이 그저 A4 용지에 시를 쓰고 시화를 그리는 것만으로도 멋졌다. 복도 게시판을 모조리 학생들의 시로 빡빡하게 다 채웠는데, 별거 아닌 일이지만 아이

---

* 샤론 크리치의 《Love That Dog: 아주 특별한 시 수업》은 시를 싫어하는 소년이 수업 시간에 시를 창작하고 이를 전시하게 되는 과정을 재미있게 그린 작품이다. 주인공이 시로 상처를 치유하는 과정은 교사의 역할과 시라는 예술이 가진 가치를 감동적으로 보여 준다.

들의 자존감을 높이고, 시에 대한 친근감을 높이는 데 큰 도움이 되었다. 시와 그림으로 표현된 학생들의 삶은 때론 경쾌하고 발랄해 모두의 웃음을 자아내기도 했지만, 때론 학교와 가정에서의 힘겨움이 담겨 있어 안쓰럽기도 했다.

〈고무줄〉

학교에서 힘든 일 때문에
한숨 쉬고 있자면

"쪼끄만 게 왜 한숨이야."

책을 꺼내 놓았다
치우는 걸 깜빡하면

"다 큰 게 정리도 제대로 안 해."

엄마는 내가
고무줄인 줄 아나 봐

기산중 1학년 O연진

시 토론 연수 때 심보선 시인이 여러 나라에서 보편적으로 널리 사용하는 방법이라고 소개해 주신 시 놀이에 가까운 시 창작법도 응용해서 해 보니 게임처럼 재미있었다. 4인 모둠으로 앉은 다음 책상 서랍에서 체육책, 과학책 등 아무 책이나 잡히는 대로 꺼내게 하고, 지금부터 시를 쓰기 위해 그 책들에서 단어를 뽑는다고 안내한다. 아이들이 도대체 여기서 시어로 쓸 단어를 어떻게 뽑느냐고 하면 너희 모둠 말고 다른 모둠이 쓸 것이라고 대답한다. 그러면 갑자기 학생들은 신이 나서 신비한 단어들을 마구 쏟아 낸다. 그렇게 무작위로 단어를 한 사람당 3~5개씩 뽑고, 종이 한 장에 모둠원이 뽑은 단어들을 써서 옆 모둠으로 넘긴다. 재미로 한두 번 이리저리 더 넘긴 다음, 받은 단어들을 조합해 모둠이 함께 시를 쓰게 한다. 시간은 10분에서 15분밖에 주지 않는다. 난리가 난다. 시가 완성되는 대로 칠판에 쓰게 해서 어느 정도 칠판이 차면 모둠에서 누구든 한 사람이 나와 시를 읽고 함께 공유한다.

학생들에겐 황당한 경험이지만, 재미있는 경험이기도 하고 의외로 괜찮은 시가 많이 나와 교사에게도 놀라운 경험이었다. 시인들은 때론 우리가 생각하지 못하는 의외의 표현을 하는데 이 방법을 쓰면 평범한 우리도 자연스럽게 의외의 조합을 하게 된다. 심지어 어떤 모둠은 시를 두세 편 써 내기도 한다. '어차피 내 이름으로 나가는 것도 아닌데' 하며 재미있게 마구 쓰고는 서로가 쓴 시에 "와!" 하며 놀란다. 난해한 시가 친근하게 다가오는 경험이다. 다음 시에서 밑줄 친 부분은 그 모둠에 무작위로 주어진 단어들이다.

157

〈물고기처럼〉

사랑이 오면 물고기가 되어 버린다

아무 하는 말 없이 입만 뻐끔뻐끔

가서 패딩을 벗어 주고 싶지만

가서 가방을 들어 주고 싶지만

나의 의견은 물고기처럼 뻐끔뻐끔

기산중 1학년 ○민혁 외

시 창작은 시 읽기의 좋은 친구라고 할 수 있다. 모두가 완성하는 게 목표인 활동이라 평가를 할 때 점수의 편차를 크게 하지 않고 과정을 즐기는 일에 충실했다. 교육과정에 비교적 여유가 있던 중학교에서는 글을 잘 쓰는 학생 한두 명이 아니라 이렇게 모두가 즐겁게 할 수 있는 경험을 충분히 쌓은 후에 도서관에서 시집을 읽고 서평 쓰기를 했다.

미로를 헤매는 일의 가치
_ 시 토론

한 권의 책을 완독하는 데 걸리는 시간이 독서토론의 걸림돌 중 하나라면, 한 편의 시는 앉은 자리에서 읽고 바로 토론이 가능하다는 점에서 큰 장점이 있다. 토론할 시를 선정하려면 우선 시를 많이 읽어야 하는데, 이 일은 생각보다 간단하지 않다. 결론이 뻔한 토론이 재미가 없는 것처럼 교과서에 실리거나 시험 문제로 다루어져 이미 공식적으로 해석된 시는 시 토론용으로 적당하지 않다. 그보다 아직 어디에도 공식적인 해석이 나오지 않은 시, 한 번쯤 읽어서는 절대 이해할 수 없는 시가 더 적극적인 토론을 이끌어낸다. 왠지 마음에는 드는데 무슨 말인지 잘 이해가 되지 않는 시, 궁금한 시에 대해 자연스럽게 대화를 나누며 서로 질의응답 하는 시 토론 활동은 시에 대한 이해를 깊어지게 한다. 시는 시인마다 가지고 있는 독특한 언어로 지어진 세계라 개개인의 서로 다른 경험이 하나의 시를 이해하는 데 큰 도움이 되기 때문이다.

아이들은 내 머리로는 도저히 이해가 가지 않는 난해시를 가지고 대화를 나눴을 때도 놀라울 정도로 솔직하게 반응하고, 자유롭게 상상했다. 이제니 시인의 〈옥수수 수프를 먹는 아침〉은 '알갱이'라는 말이 30번이나 나오는데, 시 토론을 이해하는 시로 무척 매력적이다. 같은 시집에 수록되어 있는 〈치마를 입은 우주 소년〉〈우비를 입은 지구 소녀〉 또한 학생들의 흥미와 감수성을 자극하는 형태시로, 시집을 펴면 소년과 소녀가 서로 마주 볼 수 있도록 맞쪽으로 편집되어 있다.*

---

* 이제니, 《아마도 아프리카》, 창비, 2010

별 별

별 별

잣나무숲의 태양

오월의 순한 아카시아

이상하고 외로운 소실점

로케트처럼 날아오르는

치마를 입은 우주 소년

미드헤븐에서

그리 멀지 않은

가만히 눈을 감고 귀를 열어

숲속에서 나무들과 춤을 추던 밤

하늘엔 구름 둥둥 먼 북소리

그늘처럼 드리워진 그림자들

스쳐가는 상제흰나비 흰가루

맡자마자 사라지는 나무 냄새

기억하고 싶지만 기억할 수 없는

밖은 눈부셔 어두운 동굴 속

오로라 오로라 대기 속의 노이즈

미래의 길이는 과거의 길이와 똑같아요

그러니 날 기다리지 말아 우주 소년에 대한 기억

모퉁이를 도는 나선형의 바람 탬버린 소리가 들리는 지하실

해의 가장자리를 따라 끝없이 맴도는 말 물음으로 가득한 책

로지   로지

포도   포도

새턴   새턴

귤잼   귤잼

머큐리 머큐리

물방울 물방울

오후의 오로라

오지 않는 비행선

우비는 젖지 않는다

없는 들판의 없는 얼굴

내리지 않는 비를 맞는

우비를 입은 지구 소녀

길은 물든다

날개 잃은 벌레

입속에 담긴 편지

미세레레 미세레레

여백에서 들리는 노래

몰약처럼 빛나는 눈동자

아직도 내 목소리가 들리나요

아직도 나와 같은 단어를 쓰나요

유리잔 바닥에 가라앉은 녹차 찌꺼기

머릿속을 떠도는 마이너의 피아노 음계

길게 흰 줄을 그으며 날아가는 어제의 비행운

손끝에서 푸른빛이 나온다면 어디를 가리키게 될까

땅에 닿기도 전에 사라지는 물방울의 행렬

춥고 그리운 우기의 맛

물고기 가면을 쓰고 걸어가는

우기의 복화술사는 입을 다문다

구름　구름

설탕　설탕

창문　창문

잿빛　잿빛

제라늄　제라늄

빗방울　빗방울

161

다음은 과연 시 토론이란 게 가능한가를 실험하기 위해 기산중학교 학생들과 나눈 대화의 기록 중 일부다.

하영: 와! 도대체 이게 뭐예요?

도윤: 오려 내면 바로 종이 인형인데?

민경: 이건 그림이야. 왜 미술책에 알파벳 활자로 얼굴 만들고 그런 거 봤잖아.

하영: 이것도 시예요?

나: 그래, 한 번 찬찬히 읽고 생각해 보자. 무슨 의미가 담겼는지.

일동: ·······.

도윤: 소년이 어디 갇혀 있는데, 좋아했던 뭔가를 회상하는 것 같아.

민경: 지구에 살던 애가 우주 어디인가에 환생한 것 같은 느낌도 나.

하영: 영화 〈인터스텔라〉 생각이 난다.

민경: 나는 드라마 〈별에서 온 그대〉 생각이 났는데.

하영: 소년인데 왜 치마를 입었을까?

도윤: 우주인이라서?

하영: 머리에 별이라는 글자로 뿔도 났어.

도윤: 귀엽잖아. 안테나.

하영: 신기한 시야. 모양 때문에 특이해 보여.

도윤: 줄 맞추느라 힘들었겠다.

나: 마음에 드는 구절은?

도윤: '미래의 길이는 과거의 길이와 똑같아요' '그러니 날 기다리지 말아 우주 소년에 대한 기억'. 뭔가 철학적이에요.

민경: 슬픈 느낌. 기다리지 말라고 하는 게 슬퍼요. 잊지 못하고 계속 기다릴 것 같아. '밝은 눈부셔 어두운 동굴 속'도 뭔가 마음에 와닿아.

하영: 나도 그 다음 행까지 '밝은 눈부셔 어두운 동굴 속' '오로라 오로라 대기 속의 노이즈'가 좋았는데, 두 행을 세로로 반을 나눠 보면 '밝은 눈부셔 오로라 오로라' '어두운 동굴 속 대기 속의 노이즈'가 돼. 그렇게 붙여 보면 하나는 우주, 하나는 지구를 의미하는 것 같아.

일동: 와, 신기하다.

하영: 내 생각엔 시인이 천재 같아. 〈치마를 입은 우주 소년〉이 〈우비를 입은 지구 소녀〉 바로 옆 페이지에 있잖아. 줄을 맞춰 보면 내용이 이어지는 것 같아.

민경: 맞아. 발을 보면 짝을 이루고 있잖아. 소년은 물방울이고 소녀는 빗방울이야.

하영: 그것뿐만이 아니야. 다른 부분들도 그렇게 읽히는 대목이 많아.

일동: 와, 더 신기하다.

도윤: 우비를 입은 지구 소녀도 재미있는 대목이 많아. '내리지 않는 비를 맞는' 우비 소녀.

민경: '물고기 가면을 쓰고 걸어가는'.

하영: '춥고 그리운 우기의 맛'.

민경: 둘이 예전에 지구에서 사귀었던 것 같아.

도윤: 그럴지도 몰라. 우주 소년 속 자연은 아름다운데, 지구 소녀의 자연은 많이 파괴된 것 같아.

하영: 우주 소년이 그리움이라면 지구 소녀는 기다림인 것 같아.

나: 야, 너희들 대단하다! 오늘 얘기 나눠 보니 어땠어?

일동: 재미있었어요. 흥미진진해요. 첨엔 당황스러웠는데, 얘기를 할수록 더 재미있어요.

나: 교과서에 있는 시와 이 시들 중 어떤 게 더 좋아?

일동: 이 시들요.

하영: 물론 시험에만 내지 않는다면요.

나: 그건 절대 걱정 마!

도윤: 그런데 오늘의 시 토론 아무래도 후유증이 있을 것 같아요. 〈링딩동〉이라고 중독성이 있는 노래가 있거든요. 시험 치기 전에 들으면 계속 그 노래만 떠올라 시험 망치게 된다고 해서 '수능 브레이커'라고 하는데, 오늘 본 시들도 '미세레레 미세레레' 그러면서 계속 떠오를 것 같아요.

나: 안 돼!

일동: 걱정 마세요. 즐거웠어요!

재미있는 것은 중학생보다 고등학생, 고등학생보다 교사, 일반 교사보다 국어 교사, 즉 시와 관련된 교육(?)의 수준이 높을수록 시에 대한 자유로운 대화를 이끌어 내기가 쉽지 않다는 것이다. 개인

차는 있겠지만, 역시 정답을 찾아야 한다는 강박, 정답을 찾는 훈련을 너무 오래 한 탓이다. 유명 시인이 모의고사에 나온 자신의 시에 대한 문제들을 다 틀렸다는 얘기가 있다. 정해진 답을 찾을 거면 문제집을 풀지 왜 굳이 시를 읽겠는가?[*]

시 토론을 할 때, 정답은 없으니 그냥 자유롭게 한 번 상상해 보자는 취지라고 얘기를 하면 받아들이기 힘들어하는 학생들도 있다. 스스로가 능동적인 해석을 할 수 있는 주체적인 독자라는 생각은 잊고, 전문가가 인정하는 단 하나의 정답을 찾기 위해 노력을 하는 명탐정이 된다. 그러다 보면 슬프게도 대화는 편협해지고 재미와 역동은 사라진다. '답이 없다는 것도 하나의 답'이라는 호피족의 시구가 있다. 시 토론은 '정답 찾기'가 아니라 '미로 헤매기'다. 미로를 신나게 뛰어다니다 보면 갖가지 풍경을 만나게 된다. 미로를 헤매는 과정을 즐기자!

아이들과 마찬가지로 나도 비평가처럼 멋진 해석은 못한다. 하지만 나는 이 시들이 참 좋다. 중요한 건 우리가 이 시의 아름다움을 느끼고, 시인의 마음에 다가가기 위해 노력하는 과정이다. 이제니 시인의 〈옥수수 스프를 먹는 아침〉은 어떤 형태로든 '따뜻함'에 대한 시이고, 〈치마를 입은 우주 소년〉과 〈우비를 입은 지구 소녀〉도

---

[*] 최승호 시인의 시 〈아마존 수족관〉에 관한 얘기인데, 시인이 제안하는 시 교육의 목표는 '웃는 것, 더 좋은 작품을 감상해 나갈 수 있는 능력, 그래서 행복하게 살 수 있는 안목을 길러 주는 것'이라고 한다.

자연과 인간과 우주의 '신비'에 대한 시다. 시 토론에서 우리가 잊지 말아야 하는 알갱이는 그 따뜻함 아닐까? 정답으로 결론 나 버린 세계가 아니라 신비함으로 서로를 끌어들이는 만남이 아닐까?

행간을 읽는
즐거움

　　　시를 읽는다는 것은 자신만의 느낌을 찾는 일이다. 유달리 내 눈에 들어온 시는 알고 보면 나를 담고 있다. 내가 그 시에 공감한다는 것은 어떤 시어가, 어떤 시구가 그냥 지나쳐지지 않는다는 것이다. 그 속에 내 경험이, 내 감정이, 내 삶이 담겨 있기 때문이다. 나는 그것을 시가 말을 건다고 표현한다. 시집 한 권에서 내 가슴을 간질이는 시 한 편, 떨림이 느껴지는 시 한 편을 만난다면 그것으로 충분하지 않을까? 그러려면 이해하기 힘든 부분을 그대로 질문으로 껴안고 읽어야 한다. 이 생각은 고등학교에서 시 읽기 수업을 할 때도 유효했다. 다음은 시 읽기를 경험한 학생들의 반응이다.

　　시는 굉장히 어려운데 이해나 제대로 할 수 있을까 싶어 고민을 했었다. 하지만 이런 걱정들과 다르게 읽는 동안 마음이 편안해지는 느낌이

들었다. 완전히 이해되지는 않았지만 깊숙이 와닿는 느낌이 너무 좋았다. 시에 대한 편견이 없어진 것 같다. 또 시를 읽으며 나와 관련된 여러 추억과 경험이 떠올랐는데, 이전의 내가 현재의 나로 성장해 온 과정을 돌아보며 나를 성찰할 수 있었다. **동탄고 1학년 김향지**

생각보다 시라는 것은 깊은 뜻을 가지고 있어 인생의 조언을 얻거나 깊이 생각해 보는 데 많은 도움이 되는 것 같다. 누군가에 의해 주어진 시가 아니라 내가 직접 내 마음에 드는 시를 찾아보며 스스로 시 해석도 해 보고 여러 경험을 할 수 있어 뿌듯했다. **동탄고 1학년 홍채령**

시를 독자 마음대로 해석해도 되는 것인가에 대해 독서 모임 선생님 중 한 분이 의문을 제기하셨던 것이 기억난다. 시 수업을 할 때 가장 우려하는 부분이고, 실제로 학생들이 제출한 대화록을 보면 명백한 오류들도 있어 교사의 적절한 피드백은 필수다. 하지만 오히려 나는 이런 의문을 제기하고 싶다. 과연 모든 시를 논리적으로 다 이해해야만 하는 것인가?

시의 의미를 구성하는 일은 위아래 구분이 없는 퍼즐 조각 맞추기 같기 때문에 시집에 있는 모든 시의 의미를 100% 명확하게 이해한다는 것은 애초부터 불가능하다. 마치 그림을 감상하는 것과 같다. 구상화는 사과를 그렸는지 나무를 그렸는지 알 수 있지만 추상화는 아무리 봐도 뭘 그렸는지 작가의 의도 그대로를 쉽게 알 수

167

없다. 어떤 의미에서는 구상화도 '사과구나' '나무구나' 하는 단순한 정보를 전달하기 위해 그려진 것이 아니다. 그 색감과 형태, 구도, 표현 기법, 전체적인 분위기나 느낌이 작가마다 다르고 그 모든 것 안에는 작가의 세계관이 녹아 있다.

누가 봐도 꽃이 담긴 꽃병을 자기 혼자 술병이라고 우기거나 구체적인 형태를 찾아 볼 수 없는 그림이라고 우기면 안 되지만, 때로는 시도 언어라는 물감으로 추상화를 그리기 때문에 독자들에게도 자유로운 상상의 여지가 있는 게 아닐까. 시의 언어가 환기하는 정서나 이미지가 독자에게 명확한 의미로 전달되지 않을 가능성을 열어 둘 필요가 있다고 생각한다.

반복되는 시험의 후유증으로 꽤 많은 학생들이 모든 시를 저항시로 읽거나 무조건 반영론에 끼워 맞춰 해석하려고 하는 경향을 지겹도록 봐 왔다. 우선은 그런 전체주의적인 해석에서 해방되어 보는 것이 시 토론의 출발점이다. 암호문 같은 시들은 높은 장벽처럼 느껴져 그 문을 열기 쉽지 않지만, 혼자가 아니라 시를 읽은 친구들과 함께 대화를 나눠 본다면 시를 더 깊이 이해할 수 있다.

아이들의 손을 잡고
시의 숲을 거닐다
_ 시집 읽기

　　　　고등학교에서도 시 수업을 할 수 있었던 이유는 학생들의 수행평가 참여도가 무척 높았기 때문이다. 동탄고등학교는 입학 시 일정한 커트라인이 형성되는 비평준화 지역 학교라 어느 정도 균질한 집단이 입학해서 수업에 대한 열의도 높았다.

　　그런데 2017년은 유독 어려움이 많았다. 매년 수시가 확대되어 내신을 받기 좋은 학교를 선택하려는 눈치작전이 심화되면서 화성시 내 여러 고교의 커트라인이 널을 뛰어, 한 교실 안에서도 뭐든 열심히 하려는 학생들과 뭘 해도 관심이 없는 학생들로 양극화가 극심했다. 게다가 거의 모든 교과에 독서 관련 수행평가가 이루어지고 있는 상황이어서 국어과에서만 할 수 있는 활동이 요구되는 상황이었다.

　　이번에는 솔직히 두려웠다. 하지만 소통이 어려운 아이들에게 오히려 더 필요한 것이 감수성을 자극하는 시 교육 아닐까. 고등학교에서도 시집을 읽지 않는다면 평생 시집 한 권 읽지 않는 사람으로 남지 않을까. 더 많은 아이들이 시집을 손에 들고 읽어 본 경험을 바탕으로 시집을 사서 읽는 사람이 되길 바라며, 2학기 수행평가 40점 중 30점을 시집 읽기 수행평가에 배정했다. 동료 선생님들께서

169

함께 용기를 내 주신 덕분이었다.

수행평가는 의논 끝에 2~3주 집중 프로그램(8차시)으로 설계했다. 총 4차시에 걸쳐 시집을 읽으며 '나만의 시집'을 만드는 동시에, 자신이 '서평'을 쓸 시를 고르고 서평 초안을 잡게 했다. 나머지 4차시에는 '시인 탐구 발표'를 했는데, 이 활동에 생각보다 많은 시간이 들어 내가 수업을 들어간 반들은 거의 6차시 정도가 소요되었다.*

시 수행평가를 두려워하는 학생들에게는 동기부여를 했다. 모의고사나 수능에 출제되는 시는 예측하기 힘들기 때문에 처음 보는 시를 스스로 감상해 보는 경험은 어떠한 시를 만나도 당황하지 않고 능동적으로 읽어 내는 능력을 길러 줄 수 있다는 사실을 강조했다. 실제로 시집 읽기는 처음 보는 시를 스스로 이해하는 것이 불가능하다고 믿는 학생들의 편견을 깨는 데 큰 도움을 줄 수 있다.

고등학교에서 통하는 시집은 창비에서 나온 청소년 대상 시집 시리즈다. 박성우 시인의 《난 빨강》, 복효근 시인의 《운동장 편지》가 특히 남학생들에게 인기가 높았다. 휴머니스트에서 나온 김미희 시인의 《외계인에게 로션을 발라주다》《소크라테스가 가르쳐준 프로포즈》등도 두루 인기가 높았다. 이 시집들만 있으면 일단 시집을 못 읽겠다고 나오는 학생들은 없다. 다양한 형태시로 학생들의 흥

---

* '시 서평 쓰기'는 서평 평가(10점) · 과정 평가(5점)로, '시인 탐구 발표'는 말하기-듣기 평가(10점) · 보조 자료 평가(5점)로 설계했다. '나만의 시집 만들기'는 시 서평 쓰기의 과정 평가에 넣었고 서평은 파일로 받았다.

미를 끌기도 하는데, 앞서 소개한 이제니 시인의 시가 수록된《아마도 아프리카》는 학생들이 한눈에 반했다. 시집을 고를 때는 아이들의 다양한 읽기 수준을 고려했다. 난이도를 상중하로 나눠 고루 넣고 중학교에서 사용했던 마중물 시집들도 충분히 넣었다. 이 밖에도 이해인, 나희덕, 나태주, 문태준, 서정홍, 김사인, 권혁웅, 이병률, 정호승, 정희성, 안도현, 함민복, 황지우, 박노해, 백석 등 다양한 시인들의 시집을 준비했다.

이때, 한 작가의 작품 세계를 오롯이 접한다는 취지를 살리기 위해 시인의 정규 시집을 많이 선택했다. 출판사 주도로 기획된 시 선집이 읽기는 쉽지만, 하나의 시집은 각각의 시들이 모여 스토리를 이루고 있기 때문에 가능하면 시인이 그때그때 발표한 시집들을 주로 읽어야 시를 제대로 이해할 수 있다. 시 한 편을 따로 읽는 것이 아니라 한 권의 시집 속에서 그 시를 읽으면, 더 넓은 지평이 열린다. 예술은 근본적으로 총체적으로 주어지고 젖어 들어 흡수되는 대상이다. 말했지만 말해지지 않는 것, 시는 언어로 쓰였지만 그런 행간을 담고 있는 장르다. 시 한 편을 제대로 읽는 일의 가치도 크지만, 시집 한 권을 읽는 것은 또 다른 차원의 도전이다. 시집을 통독하는 것은 한 사람의 독서 경험에 있어서 새로운 세계를 여는 일이다. 만화 한 편을 제대로 읽으면 그 작가의 다른 작품을 알아보듯, 하나만 놓고 보면 이해가 되지 않았던 시도 시집 전체를 읽으면 그 시인이 사용하는 시어와 문체, 세계관이 읽히기 때문에 훨씬 이해하기 쉽다. 다음은 강은교 시인의 시집*을 읽고 학생이 쓴 글이다.

강은교의 시를 읽다 보니 항상 마지막 구절에 말로 표현할 수 없는 좋은 느낌이 온다. 〈가을의 서書〉에서는 '보아라'라는 구절이 반복되어 운율을 형성하는데, 마지막 행의 '보아라'는 앞 구절에 '마지막엔 그대도 보이지 않는 걸'이라는 행이 있어서 똑같은 '보아라'인데도 가장 가슴에 와닿았다. 〈그 꽃의 기도〉라는 시는 2연과 4연의 흐름이 비슷해서 눈에 잘 들어왔고 〈가을의 서書〉처럼 '내가 꿈꿀 만큼만'이라는 마지막 구절이 마음에 들었다. 시어와 비유적 표현에서 강은교 시인 특유의 감성이 느껴졌다. 〈벽 속의 편지-눈을 맞으며〉 또한 마지막 구절 '그대를 지나서 비로소 그대를 생각하듯이'가 가장 마음에 들었다. 눈을 맞으면서 느낄 수 있는 묘한 기분을 잘 표현한 것 같다.

동탄고 1학년 박계락

'시 서평 쓰기'는 이렇게 자신의 마음에 들어온 시를 여러 번 읽어 보고 그 시와 관련된 자신의 경험을 쓰는 것으로, 시를 분석하거나 비평하는 글이 아니라 수필을 쓰는 것과 같다. 반마다 5~6명과는 끝까지 전쟁을 벌여야 했지만, 시에 대한 생각과 느낌을 써 보라고 하면 두세 줄 쓰기도 어려워하던 학생들 대부분이 A4 한 쪽 분

* 강은교, 《막다른 골목을 사랑했네, 나는》, 시인생각, 2013

량의 감상을 쉽게 써 냈다. 아이들 스스로 작품 감상의 주체로 성장할 수 있었던 활동이었다. 다음은 김미희의 〈외할머니 제삿날 1 _ 건망증〉*이란 시와 이 시를 읽고 실제로 어머니와 함께 외할머니의 임종을 겪었던 기억을 떠올려 쓴 서평의 일부다. 한 편의 수필 속에 시적인 순간들이 잘 묘사되어 있다.

외할머니 제삿날에 / 엄마가 영정사진 앞에서 편지를 읽는다 // 엄마! 툭하면 깜박하는 / 건망증 심한 우리 엄마 / 하늘나라 갔던 그날도 / 건망증이 도지셨죠? / 어느 날 말도 없이 가시다니! / 영희한테 작별 인사 깜박했다고 / 가서 말하고 오겠다 하고 / 다시 내려오면 안 되나요? / 나도 할 말 있다고요 / 사랑한다는 말 / 깜박해서 못했단 말이에요 // 엄마가 엄마를 부르며 운다 / 엄마는 처음부터 엄마로 태어나는 줄 알았는데 / 엄마에게도 엄마가 있었다는 걸 / 외할머니가 누구보다 행복하길 바라는 딸이 / 바로 우리 엄마인 것을 나는 자주 까먹는다

순간 모두의 울음이 터졌다. 커튼 뒤에 외할머니께서 누워 계셨기 때문이다. 그리고 세 명의 아저씨들이 외할머니 뒤에 서 있었다. 아저씨들은 외할머니의 몸을 닦고 천 같은 걸로 꽁꽁 감싸기 시작했다. 가족들은 통곡했다. 나의 어머니도 통곡했다. 나는 엄마의 어깨에 손을 올

---

* 김미희, 《외계인에게 로션을 발라주다》, 휴머니스트, 2013

리고 계속 어루만지며 울지 않으려고 힘껏 버텼다. 울기 싫었다. 그냥 울기 싫었다. 엄마가 "엄마, 미안해요, 미안해요."라며 흐느꼈다. 순간 소름이 쫙 돋았다. 그리고 나는 더 이상 울음을 참을 수 없었다. 왜냐 하면 엄마의 말뜻을 단번에 이해할 수 있었기 때문이다. '옆에 계셨을 때 잘해 드릴 걸. 엄마 보러 더 자주 올 걸. 전화 한 번이라도 더 해 드릴 걸. 살아있는 엄마 손 더 많이 만져 볼 걸'. **동탄고 1학년 주민석**

이어서 진행한 '시인 탐구 발표'는 자신이 선택한 시인을 간단히 소개하고 그 시인의 시 한두 편을 전문으로 안내하는 3분 말하기 활동이다. 반 친구들과 같은 시나 시인을 선택하는 일이 없도록 교실에 명렬표를 붙여 자신이 선택한 시나 시인을 선착순으로 쓰게 했다. '시 서평 쓰기'처럼 수업 시간에 준비할 시간을 주지 않고 과제 발표로 평가했고, 다른 친구들의 발표를 듣고 친구가 발표한 시 구절 중 마음에 드는 부분을 기록하게 해서 그 기록의 충실도도 평가에 포함시켰다.*

---

* 요즘 학생은 컴퓨터에 익숙한 세대라 글쓰기보다는 말하기를 훨씬 더 편하게 받아들이고 발표도 잘한다. 문제는 여기서도 양극화 현상이 일어나 교사도 들어 본 적 없는 멋진 시인과 시집을 발굴하는 학생이 있는 반면, 유명 시인을 인터넷으로 검색해 과제를 때우는 학생들도 생겨났다. 미리 안내를 해도 수행평가 마감 기한에 쫓기는 아이들을 설득할 수는 없었다. 준비한 시집 내에서만 출전을 밝히고 시인을 탐구하는 것이 수업의 질을 훨씬 효율적으로 높일 수 있는 방법이다. 3~4명이 한 모둠이 되어 한 시인의 여러 작품을 각자 탐구함으로써 작가 한 명을 깊이 있게 감상하게 하는 것도 좋다.

시집 읽기 수행평가가 무르익어 갈 때쯤, 4인 모둠으로 진행되는 '시 토론' 활동에 대해서도 안내를 했다. 수행평가 점수로 들어가지 않으니 원하는 학생들만 참여하고, 보고서를 제출할 경우 교과세부 능력 특기사항에 기록해 주기로 했다. 활동의 원활한 진행을 위해 모둠별로 보고서 양식과 대화록 예시를 제공했고 역할을 분담해 줬다. 역할은 토론을 이끄는 진행자와 녹취 및 대화록을 타이핑하는 기록자, 시 본문을 타이핑하고 사진 자료를 모으는 자료 수집자, 기록자와 자료 수집자에게 자료를 받아 최종적으로 보고서를 분량에 맞게 편집하고 출력물을 제출하는 편집자로 구성했다.

녹취를 바탕으로 대화록을 만드는 일은 생각보다 시간과 노력이 많이 드는 작업이다. 그래서 모든 대화를 다 기록할 필요 없이 대화의 흐름에 맞게 A4 4장 이내로 편집해서 제출하고, 각자의 대사 중서로 가장 마음에 드는 곳을 진하게 표시해 교사가 교과세부능력 특기사항을 기록할 때 참고할 수 있도록 했다.

2017년에는 해마다 시 수행평가를 위해 준비한 시집에다 내가 지도하는 시 창작 동아리를 위해 추가로 준비한 시집 20권이 각 4권씩 있었기 때문에 토론은 보다 더 자유롭게 이루어질 수 있었다. 내가 들어가는 4개 반만, 그것도 원하는 학생만 한 활동인데도 남자 반에서 4모둠, 여자 반에서 10모둠 총 14모둠이 보고서를 제출했다.

분명히 어렵다고 생각한 시였는데 친구들과 함께 작가의 의도를 파악하고 시간을 가지고 탐구하며, 차근차근 나아가니 생각보다 쉽게 해석이 가능해서 시가 새롭게 느껴졌다. **동탄고 1학년 김태연**

시에 대해 함께 이야기를 나누는 활동은 나에게 생소한 활동이라 걱정이 많았는데, 막상 애들과 대화를 하다 보니 술술 잘 풀려 나가서 신이 났다. 함께 시를 탐구할 때, 각자가 바라보는 시점에서 시의 해석이 달라질 수 있다는 점이 신기하게 느껴졌다. 이렇게 다양한 해석이 가능한 게 문학이 아닐까 하고 생각했다. 국어는 항상 답이 없다고 흔히들 말하지만, 현실은 그렇지 못하다. 크면서 사라졌던, 시에 대한 관심도 살아나는 좋은 경험이었다. **동탄고 1학년 정세영**

평소 시를 일부러 찾아 보면서까지 즐기는 정도도 아니고 잘 읽지도 않았다. 그러나 여러 활동을 거치면서 시를 보는 눈이 달라진 것 같다. 특히나 이번에 조원들과 시에 대해서 각자의 생각과 느낌을 나누는 활동을 하고 보니 시인뿐만 아니라 서로의 발상이 굉장히 신선하고 재미있다고 느꼈다. **동탄고 1학년 최지우**

서로를 치유하는
나만의 시집 만들기

시집 읽기를 시작하면 학생들은 일단 시집을 고르는 것부터 어려워한다. 하지만 친구들이 가지고 온 시집은 뭔지 궁금해서 읽어 보려고 한다. 그래서 각자 시집을 하나씩 가지고 오고, 돌려 읽고, 모두가 관심 없는 시집은 도로 가져다 놓고 다른 시집을 가져오는 일을 반복했다. 이런 상황이다 보니, 조용히 시집을 읽는 아름다운 풍경은 쉽게 펼쳐지지 않았다. 잠시만 방심하면 난장판이 되기 일쑤였다.

자신이 고른 시를 필사하는 '나만의 시집 만들기'를 하면 분위기를 바꿀 수 있다. 이 활동을 할 때는 먼저 공책에 연습용으로 시를 5개 이상 쓰게 했다. 미리 나눠 준 소책자(교사가 B4 용지 두 장에 나만의 시집 양식을 출력한 후 접어 만든 것)에 하나둘씩 시를 옮겨 쓰기 시작하면 시에 몰두하는 학생들이 여기저기에서 나타난다.

아이들은 자신이 읽은 시집들 중에서 마음에 드는 시 세 편을 '나만의 시집'에 옮기고, 마지막에 그 시를 고른 이유나 생각, 느낌을 4줄로 간단히 적었다. 세 편을 완성하면 모둠원이 만든 나만의 시집을 돌려 읽고 친구가 고른 시 중 마음에 드는 시 두 편을 나의 시집에 옮겨 썼다. 친구들의 마음에 든 시는 내 마음에 들기 쉽고, 그렇지 않다 하더라도 친구들의 안목에서 새로운 것을 배우게 되어 시 감상 능력 향상에 도움이 된다. 거의 완성되면 북 아트를 꾸미는 시간을 마련했는데, 그 과정에서 아이들은 시키지 않아도 서로가 고른 시에 대해 얘기를 나눴다.

시는 내가 생각하는 만큼 지루하지 않았다. 오히려 좋은 시가 되게 많아 고르기가 어려웠고, 좋은 시들을 이 시집에 다 쓸 수 없어서 아쉬웠다. 시를 읽으면서 느낀 감정을 그림으로 나타내는 것도 즐거웠다. 나는 머릿속에 떠오르는 것을 말로 표현을 잘 못하는데, 내가 느낀 감정이나 시를 읽으면서 떠오른 풍경을 그림으로 그려 친구들에게 보여 주는 게 좋았다.
동탄고 1학년 이현지

나만의 시집을 만들면서 내 관심사가 무엇인지, 내 마음이 지금 어떤지를 알게 되었다. 가족과 관련된 시들을 많이 골랐는데 이를 통해 나에게 지금 나를 위로해 줄 수 있는 존재가 필요하다는 걸 깨달았다. 신기한 점은 마음의 위안도 받았다는 것이다. 처음에는 짧은 시들의 매력에 빠져 짧은 시만 찾았지만, 긴 시가 마법처럼 술술 읽힐 때도 있었다.
동탄고 1학년 박성빈

나만의 시집 만들기는 과정 평가라 성실도만 보는 것이었다. 본격적인 평가인 시 서평 쓰기와 시인 탐구 발표에 들어갈 시를 고르는 준비 활동에 불과하니 빨리 시를 고르고 시 서평 초안부터 쓰자고 아무리 설득을 해 봐도 다행인지 불행인지 아이들은 나만의 시집을 만드는 시간을 제일 좋아하며 즐겼다. 미술 시간이 아니라 국어 시간이기 때문에 나만의 시집 꾸미기, 즉 그림에 너무 정성을 들일 필요가 없다고 말려도, 열심히 하는 아이들은 자신만의 예술 작품을 완성하는 데 몰두했다. 물론 자신들이 찾은 재미있는 시와 친구들이 찾은 이상한 시들을 돌려 읽느라 낄낄대기 바빠 짧은 시들만 귀신같이 골라 쓰고 놀기 바쁜 녀석들도 있었다.

아이들끼리 돌려 쓴 시 중 인기 있었던 두 편은 박성우 시인의 시다. 우연히 둘 다 우물이 배경이다. 하나는 남학생 반이 선택한 〈삼학년〉이라는 시인데, 미숫가루 실컷 타 먹으려고 우물에 미숫가루 부어 첨으로 뺨따귀를 맞은 이야기다. 짧고 쉽고 웃기니 장난기 많은 여러 남학생들을 홀렸다. 다른 하나는 여학생 반이 선택한 〈보름달〉*이라는 시인데, 조금 충격적이었다. 다음은 시의 전문이다.

엄마, 사다리를 내려줘
내가 빠진 우물은 너무 깊은 우물이야
차고 캄캄한 이 우물 밖 세상으로 나가고 싶어

나만의 시집에서 이 시 옆에 그려 놓은 삽화에 한 아이가 깊은 우

---

* 박성우, 《난 빨강》, 창비, 2010

179

물에 갇혀 막막히 하늘을 바라보는 모습이 있는 것을 보고 심장이 멎는 것 같았다. 처음 그 시를 인용한 것으로 추정되는 아이의 시집을 보니 심상치 않은 시들이 많았다. 심리적으로 힘들었던 그 아이가 〈보름달〉을 발견했고, 감수성이 예민한 여학생들의 공감을 불러일으킨 것이다.

시가 그 아이에게 치유가 되었을까? 수업이 각자의 삶과 연결되는 순간이 있다. 각자의 삶이 친구들의 삶과 연결되는 순간이 있다. 내 수업이 문학을 통해, 진솔한 글쓰기를 통해, 친구들과의 나눔을 통해 자신을 표현하고 치유하며 성장하는 시간이었기를 바란다.

누구에게나 공평한
독서를 위하여

좋았던 수업만 얘기하면 모든 수업이 잘된 것 같으나 당연히 그렇지는 않다. 한 반에서 좋았던 수업이 다른 반에서 안 되는 경우는 흔하다. 무엇보다 해가 갈수록 학생들이 자신의 이야기를 친구들과 공유하기를 원치 않는 경우가 많아 아주 고민이 많다. 궁여지책으로 학생들이 낸 작품의 학번과 이름을 지우고 순서 없이 섞어 공유해서 좋은 반응을 얻기도 했지만, 서로를 이해하고 성장하게 할 수 있다는 것이 핵심인 활동이 익명으로 진행되었다는 점에서 그 한계가 명백하다. 그래도 서툴고 부족한 나를 채우기 위해 고군분투한 경험이 다른 누군가의 길에 위안이 된다면 좋겠다.

자크 랑시에르는《무지한 스승》에서 가르치고 배우는 행위는 스승의 앎을 전달하는 것이 아니라 학생의 지성이 쉼 없이 실행되도록 하는 데 있으며 적어도 스승이라는 이름의 틀로 학생들의 배움과 성장을 한계 짓지 말아야 한다고 말한다. 나는 학생들이 독서를 통해 나의 얄팍한 수준 정도쯤은 얼마든지 훌쩍 뛰어넘어, 위대한 작가들이 세상과 시대를 읽어 이룩한 세계와 직접 만나기를 바란다. 그것이 바로 내가 독서교육을 통해 느끼고 싶은 즐거움이다.

시집 읽기 수업을 할 때마다 "선생님도 잘 몰라."라고 이야기할 수 있는 용기를 내야 했다. 하지만 해 보면 누구나 본능적으로 알 수 있다. 이게 진짜 공부라는 것을. 서로를 성장하게 하고 실질적인 실력을 향상시킨다는 것을. 무엇보다 교사인 나도, 학생들도 분절된 글을 읽을 때보다 하나의 온전한 작품을 읽을 때 훨씬 행복했다. 하나의 세계를 만난다는 것은 그런 것이다. 학생들이 그 무엇의 방해도 없이 문학작품을 제대로 만날 수 있다면, 대화를 통해 서로 만날 수 있다면, 그 모든 것들을 통해 자기 자신과 만날 수 있다면, 그 만남의 모든 과정에 교사인 나는 기꺼이 투명인간이 되고 싶다.

교사는 학생의 질문에 대답하는 사람이 아니라 학생들이 스스로 질문을 하게 만드는 사람이어야 하지만 나 스스로가 그런 능력을 제대로 발휘한 적은 별로 없는 것 같다. 반면 시는 언제나 독자들이 스스로 질문을 떠올리게 만들어 배움을 시작할 수 있게 한다.

아이들은 경쟁에 내몰린 교육 현실에서 살아남느라 때로 이유는 알고 싶지 않으니 정답만 알려 달라거나, 다른 교과와 달리 상대적인 선택과 다양한 답이 가능한 문학에 대한 극도의 분노를 표현해서 국어 교사를 당황하게 만든다. 하지만, 정답 없는 질문만이 제대로 된 질문이고, 그런 질문을 다루어 가는 과정이야말로 어쩌면 우리가 얻어야 하는 정답이다.

학생들의 독서 능력과 사고력, 배경 지식의 양극화는 빈익빈 부익부 현상이 단지 경제적 차원에 그치지 않는다는 것을 보여 준다. 경제력이 계층을 형성하는 세상의 또 다른 결에는 읽기 수준이 계층을 형성하고, 통합되지 못하고 파편화된 지식들로 인해 계층 상승이 제한되는 세상이 숨어 있다고 나는 생각한다.

음악을 듣고 그림을 보는 일처럼, 시를 읽는 행위가 어느 특정한 계층의 사치스런 전유물이 되지 않고 우리들의 영혼을 돌보고 치유하는 평범한 일상이 되면 좋겠다. 누구에게나 공평할 수 있게 교실에 그 씨앗을 심고 싶다. 문학과 예술을 향유하는 자, 인문학적 소양을 바탕으로 살아가는 자, 전문적인 정보에 접근이 가능한 자, 다양한 가능성에 열려 있는 자를 길러 내는 것이 학교에 독서교육이 필요한 이유다.

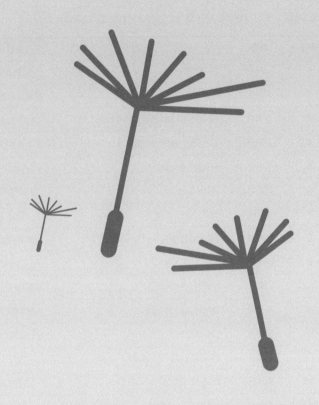

음악을 듣고 그림을 보는 일처럼,
시를 읽는 행위가 어느 특정한 계층의
사치스런 전유물이 되지 않고 우리들의 영혼을
돌보고 치유하는 평범한 일상이 되면 좋겠다.
누구에게나 공평할 수 있게
교실에 그 씨앗을
심고 싶다.

참고 자료 국어 시간에 사용할 수 있는 시집 목록(고등학교)

연번	저자	시집	출판사
1	곽재구	《사평역에서》	창비
2	기형도	《입 속의 검은 잎》	문학과지성사
3*	김미희	《외계인에게 로션을 발라주다》	휴머니스트
4	김민정	《아름답고 쓸모없기를》	문학동네
5	김사인	《가만히 좋아하는》	창비
6	김수영	《풀이 눕는다》	시인생각
7	김용택	《섬진강》	창비
8	김행숙	《에코의 초상》	문학과지성사
9	나태주	《멀리서 빈다》	시인생각
10	나희덕	《사라진 손바닥》	문학과지성사
11	도종환	《흔들리며 피는 꽃》	문학동네
12	문태준	《가재미》	문학과지성사
13	문태준	《우리들의 마지막 얼굴》	창비
14	박노해	《노동의 새벽》	느린걸음
15*	박성우	《난 빨강》	창비
16	박성우	《자두나무 정류장》	창비
17	박준	《당신의 이름을 지어다가 며칠은 먹었다》	문학동네
18	백석	《나와 나타샤와 흰 당나귀》	다산책방
19*	복효근	《운동장 편지》	창비
20	송경동	《사소한 물음들에 답함》	창비
21	서정홍	《58년 개띠》	보리
22*	서정홍	《우리 집 밥상》	창비
23	신경림	《갈대》	시인생각

24	신동엽	《껍데기는 가라》	시인생각
25	안도현	《간절하게 참 철없이》	창비
26	윤동주	《동주, 하늘과 바람과 별과 시》	문예춘추사
27	이병률	《찬란》	문학과지성사
28	이성복	《뒹구는 돌은 언제 잠 깨는가》	문학과지성사
29	이제니	《아마도 아프리카》	창비
30	이준규	《네모》	문학과지성사
31	이영광	《아픈 천국》	창비
32*	임길택	《똥 누고 가는 새》	실천문학사
33	정끝별	《은는이가》	문학동네
34	정현종	《떨어져도 튀는 공처럼》	문학과지성사
35	정호승	《외로우니까 사람이다》	열림원
36	정희성	《저문 강에 삽을 씻고》	창비
37	한강	《서랍에 저녁을 넣어 두었다》	문학과지성사
38	함민복	《눈물을 자르는 눈꺼풀처럼》	창비
39	황지우	《새들도 세상을 뜨는구나》	문학과지성사
40**	배창환 엮음	《지금은 0교시》	한티재
41**	배창환 외 엮음	《36.4℃》	작은숲
42**	김상희 외 엮음	《내일도 담임은 울 삘이다》	휴머니스트
43**	구자행 엮음	《버림받은 성적표》	보리
44***	강금연 외	《시가 뭐고?》	삶창
45****	샤론 크리치	《Love That Dog: 아주 특별한 시 수업》	비룡소

* 청소년 대상 시집 ** 학생 작가 시집 *** 할머니 시집
**** 국어 시간에 시집 읽기 강의 보조 시집

북적북적 이매동 책공방 탄생기

커뮤니티 매핑
- 독자에서 작가로

김경미

송림고등학교
kkm0906@gmail.com

어쩌다, 교사

딱 점수가 그랬다. 사범대가 목표인 적은 없었으나, 교사 자격증을 받을 수 있다는 점이 매력적이었다. 교사였던 이모의 생활 및 심리적 안정성을 앞세워 사범대에 진학하길 바라는 엄마의 숨겨진 간곡함을 차마 박차지도 못했다. 다만 사회과학학부를 진학하고 싶었던 처음 목표에 맞춰, 사회교육학과를 선택했다. 그토록 원하는 대학생이 되었지만, 학문의 깊이와 내면의 성장은커녕 당장 성과를 내기에만 급급했다. 어떤 선생님이 되고 싶은지, 학생들 앞에 어떤 어른으로 비춰지고 싶은지, 가르침이란 무엇인지 그리고 배움이란 무엇인지 고민하기보다는, 교사라는 타이틀을 쥔 채 살아가는 나 개인의 삶에 초점이 맞춰져 있었다. 그렇게 사회 선생님이 되었다. 세상을 보는 창이니, 생활에 꼭 필요한 학문이니 등 각종 수사로 아이들을 설득할 준비도 되지 않은 채 말이다.

수업 또한 내 삶에 영향을 미치는 것이었기 때문에 노련함, 카리스마, 무언가 그럴싸한 것들로 채워져야 했다. 이에 수업의 처방에도 참 거리낌이 없었다. 그것도 단기 처방. 다양한 방법론적 접근을 통해 교과의 개념을 전달하는 데 관심을 기울이고, 수업 방식에 많은 에너지를 쏟았다. 그러나 그 주체도 여전히 나 자신이었다. 새로운 수업 방법에 도전하며 끊임없이 변화를 추구하는 교사라는 자부심에 사로잡혀 있었고, 수업에 동참하지 않거나 활발하게 참여하지 않는 아이는 마치 사회에서 뒤처지는 아이처럼 여기며 '수업하는데 감히 자다니… 최소한 이 정도는 교우들과 서로 토론하고 좀 알아야 하지 않니'라는 눈빛으로 바라봤다. 수업을 준비할 때는 학습지의 구성과 흐름에 온 정성을 쏟았다. 학습지에 의존하다 보니 학습 자료가 잘 정리된 다른 안이 없으면 수업이 허전하기도 했다.

이렇게 '잘 가르치는 교사'가 되고 싶은 생각에 지식을 효과적으로 전달하는 데 초점을 맞췄던 수업은 한계에 봉착했다. 학생들은 무언가를 듣고, 보고, 함께 이야기했으나 무엇을 배웠는지는 기억해 내지 못했다. 오로지 기억나는 것은 내가 수없이 던지는 "생각해 봐~!"라는 그 말뿐이었다. 그제야 나는 여러 개념과 지식, 세상살이의 문제들만 나열하며 던지는 '생각해 보라'는 말 자체가 얼마나 추상적이었는지 깨달았다. 방법론적인 접근이 아닌 무엇을 어떻게 생각해 봐야 하는지 '아이들의 입장에서' 답을 찾아야 했다.

지식은 힘이 없었다
_ 낭독의 발견

한번은 공강 시간에 책을 읽다가 수업에 들어가는데, 발걸음이 그렇게 무거울 수가 없었다. 이 짧은 휴식을 끝내야 한다는 것이 아쉽기만 했고, 내가 아무리 이야기한들 무관심한 아이들의 태도에 지쳐 있었다. 이럴 바에야 하는 심정으로 내가 공감했던 책의 몇 줄을 교실에서 쏟아 내기 시작했다.

느닷없이 수업 시간에 책 몇 줄을 읽어 주곤 같이 읽자고 하니 처음에는 '저 선생님 왜 저러나' 싶었을 학생들도 점차 관심을 보였다. 교과 진도상 10분 이상 시간을 할애하지 못해 점차 그림책이 주를 이루었으나 에세이, 소설 등 다양한 장르에 교과 내용까지 초월하니 책이 주는 힘은 강렬했다. 자신의 상황과 고민을 토로하기 좋은 매개체가 되었는지 학생들의 많은 공감을 자아냈고, 어떤 아이들은 눈물을 짓기도 했다. 그만큼 낭독의 힘은 강했다.

《두근두근 내 인생》(김애란)에서 애절한 구절을 읽어 줬을 땐 부모님에게 우리 한 명 한 명이 얼마나 소중한 존재인지 생각했고, 《여덟 단어》(박웅현)를 통해 우리 인생의 불안감에 대해 이야기했다. 시험이 끝난 어느 날에는 한 장章의 복사본을 나눠 주며 같이 읽어 보는 시간을 가지기도 했다.

어떤 아이들은 문학 시간도 아닌데 책을 왜 꺼내 드는지 의아함을 드러내기도 했다. "사회를 바라보는 안목을 키우려면 이런저런 세상살이 이야기도 듣고 그래야 해!"라고 아주 당차게 답했으나, 단순히 책을 읽는 행위에 초점을 맞추는 것은 교과와 무의미하단 생각이 들었다.

책 읽기와 사회 시간을 어떻게 하면 연결 지을 수 있을까를 진지하게 고민하다, 일단 사회 교과에서 다루는 다양한 주제들을 한 권의 책 또는 텍스트와 함께 엮어 보기로 했다. 교과서의 문장 이외에 다양한 형태의 도서를 접하며 '읽고-생각하는' 연습을 해 보기로 마음먹은 것이다.

독서 연계 수업의 가장 큰 고민은 어떤 책을, 어떻게 읽힐 것이냐는 점 아닌가 싶다. 나는 깊이보다 넓이를 선택했다. 한 권의 책을 장기간의 호흡으로 다루는 것도 의미가 있겠으나, 우리가 배우는 교과 속 내용들이 얼마나 다양한 책들에 녹아 있는지 보여 주고 싶었다. 세상의 수많은 책들이 사회 교과의 중요성을 더욱 부각시켜 줄 것이라는 생각도 있었다. 다양한 공간 위에서 수많은 사회 현상과 부딪치고 이를 해결해 가며 살아가는 우리의 모습들이 많은 작품들에 녹아 있으니 말이다.

이러한 생각은 2014년, 첫 번째 독서수업으로 구체화되었다. 4월부터 12월까지 매 수업에서 교과 내용에 따라 책을 제시하고, 일정 분량을 발췌해 읽은 후 모둠원과 이야기를 나누는 활동을 구성했다. 시작할 때는 《틀려도 괜찮아》(마키타 신지)라는 그림책을 활용해 우리가 원하는 수업의 모습을 그려 보게 했다. 틀려도 모두가 괜찮다고 격려해 줄 수 있고, 정답이 아니어도 괜찮으므로 자유롭게 서로의 생각을 나눌 수 있는 교실 분위기를 만들어 보자는 생각이었다.

이후 16개 주제로 독서토론 수업을 했는데, 주제에 따라 2차시에서 4차시까지 배분했다. 학생들은 각 주제마다 '읽기-모둠 토론-개인별 에세이 작성하기' 활동을 했다. 주제는 고등학교 1학년 사회 교과의 교육과정에서 추출했고, 주제에 적합한 도서를 선정해서 다양한 토론 방식을 접하게 하는 데 초점을 맞췄다. 도서 선정은 가장 어려운 부분이었다. 짧은 분량의 읽기 자료를 제공해야 하기 때문에, 주제에 딱 맞는 이야기가 전개되는 책이면서 장별로 내용이 나눠진 책을 고르기 위해 노력했다.[*]

가장 기억에 남는 수업은 '공정성과 삶의 질' 단원에서 공정한 사회란 어떤 사회인지를 논하기 위해 《정의란 무엇인가》(마이클 샌델)의 몇 챕터를 함께 읽었을 때였다. 그렇게 유명하다는 책인데 한 번은 봐야 하지 않겠느냐는 말로 아이들을 유혹하긴 했지만, 아이들도 알고 싶었나 보다. 반복하며 읽는 동안 밑줄을 치며 읽고, 요약하고, 이해가 안 되는 부분은 서로 묻기도 하며 읽기를 포기하지 않는 모습에 개인적으로 매우 놀랐다.

---

[*] 참고 자료 1

학생들은 '7장 소수 집단 우대 정책 논쟁: 권리 vs. 자격'을 바탕으로 무엇이 공정한 것인지 이야기하며 자연스럽게 논의를 다문화 사회로까지 연결해 냈다. 학교 내 다양성과 공동선을 이루기 위해 소수 인종에게 가산점을 주었던 미국 대학의 입학 정책을 보며, 다문화 사회로 진입한 우리나라가 어떻게 해야 서로의 다름을 인정하고 성, 인종, 장애 등으로 인해 출발점이 다른 이들을 지원할 수 있는가를 함께 고민할 수 있었던 시간이었다. 그리고 난파된 배에서 살아남기 위해 살인을 저질렀던 선원들의 이야기를 바탕으로 진행한 공리주의 논의에서는, '여러 명의 생존을 위한 한 사람의 희생'이라는 극한상황을 짧은 콩트 형태로 만들어 모의극을 펼치고 변호사-검사의 모의재판 토론을 벌이며 도덕적 딜레마 상황을 경험할 수 있었다. 아이들은 수없이 많은 극단적 상황에서의 딜레마를 마주하면서, 하나의 선택은 또 다른 기회를 박탈하는 기회비용을 가지고 있다는 점을 깨닫고 무엇이 정의인가를 생각해 볼 수 있었다.

《왜 세계의 절반은 굶주리는가?》(장 지글러)는 '공존이 필요한 세상' 단원을 수업할 때 읽었다. 미래에 닥쳐올 여러 지구촌 문제를 살펴보고, 지속 가능한 발전을 위해 어떻게 해야 하는지를 궁리해 보기 위해서였다. 학생들이 민감하게 생각해 볼 수 있는 국제사회의 이슈를 다루고 있는 데다가, 대화 형식으로 서술되어 있어 읽기에도 부담스럽지 않았다. 230여 쪽이라는 짧은 분량도 아이들에게 힘이 되었다. 아이들은 힘 있는 선진국, 오로지 이윤 추구만을 목표로 하는 다국적 기업의 횡포에 분노했다. 곡물 시장의 특수성도 알게 되었고, 가격을 형성하는 데 수많은 이권이 개입하는 과정에 놀라기도 했다. 전 세계의 인구 모두가 먹고도 남을 식량이 있음에도 불구하고 식량 공급과 분배의 문제로 인해 누구는 굶주려야 한다는 사실에 화를 냈고, 영상을 통해 기아 현장의 참담함을 보며 자신이 무엇을 할 수 있을지 고민했다.

언제부터 우리에게 기아의 존재가 이토록 당연했을까. 어쩌면 어릴 때부터 인터넷 매체를 통해서만 봐 왔기 때문에 그곳의 상황은 나와 상관없는, 그저 액자 속의 사진처럼 여기고 있었던 건 아닐까. 단지 가난이 지배하고 있는 그런 나라에 태어났기에 그들이 받아야 하는 어쩔 수 없는 숙명처럼 생각했던 것 같다.

경제적, 구조적 기아가 어떤 것인지. 왜 식량의 공급으로 문제가 해결되지 않는 건지. 국제기구들은 왜 이 문제를 해결하지 못하는 건지. 수없이 많은 질문들 중에 핵심은 이것이었다. 세계 전체에서 생산되는 식량은 사실 전 세계 인구가 먹고도 남을 만큼 충분하다. 그러나 소들은 배불리 먹일 수 있으나 아이들은 먹지 못해 죽어 가는 사회, 자기 눈앞의 이익을 위해 침묵의 눈가리개를 하고 기아의 원인을 제대로 보지 못하는 사회, 국제적으로 다 같이 기아 문제에 가슴 아파하고 어떠한 도움도 줄 것처럼 보이지만 실제로 각 나라들의 이익만을 먼저 챙기기 바쁜 사회, 그 사회 속에 우리가 살고 있음에 부끄러웠다. … 아무것도 모른 채 빈곤과 기아를 숙명처럼 받아들이는 그들을 생각하며, 오늘부터 반찬을 남기지 않는 작은 시작을 해 보려 한다. **1학년 류민지**

그다음 해에도 수업 시간에 독서토론을 진행했다. 힘을 빼야 하는 주제는 조금 가볍게, 또 어떤 주제는 책을 더 보강했다. 그러나 사회 교사로서 무언가를 놓고 '토론'을 해야 할 것 같은 부담감을 버리지 못해서인지 하나의 프로젝트로 이어지는 느낌이 없었다. 매번 다양한 토론을 접한다는 측면에서 학생들도 색달라했으나 매우 분주한 것도 사실이었다. 여러 토론 방식을 적용하는 것에 치우쳐, 깊이가 부족한 것은 아닌가 하는 걱정도 들었다. 정신없이 독서토론을 진행할 때는 잘 몰랐던 난관들에 부딪히면서 장기간 하나의 주제를 두고 수업을 이끌어 보고 싶다는 생각을 하게 되었다.

몇 해간 고3 학생들의 입시 지도와 고1 대상 사회 수업을 병행하며 느꼈던 필요성도 독서수업 방식을 바꾼 계기가 되었다. 학생들의 개별 특성을 잘 녹여 낸 생활기록부가 필요하다는 것을 알면서도, 수업에서 한 명 한 명의 의미 있는 변화를 끄집어내기란 힘들었다. 다양한 방법론적 접근을 통해 학생 중심 수업으로 변모하고 있다고 생각했음에도 불구하고, 학생의 성장 과정과 개인적 특성을 담아내기 어려웠다. '○○ 도서를 바탕으로 차이와 차별의 문제를 논의했으며, 다문화를 바라보는 우리 사회의 시선과 정책에 대한 토론을 했고 동화 정책에 대한 비판적 관점을 견지하며 논리적으로 토론함'과 같이 수업 당시 토론의 주제와 내용을 나열하는 식이었다.

이에 수업과 평가의 일체화뿐 아니라, 수업 시간 내 활동을 통해 학생들이 자기만의 색깔을 찾고 성장할 수 있는 방안이 무엇일까를 고심했다. 독서 활동과 사회 교과 본연의 특성이 서로 자연스럽게 스며들 수 있는 방안은 무엇일지, 학생들이 도서를 바탕으로 하나의 문제를 해결할 수 있는 프로젝트 수업을 구성할 수 있는 방안은 없을지, 어떻게 해야 학생들마다 개성 있는 목소리와 생각이 담긴 결과물을 도출해 낼 수 있을지 생각하게 된 것이다.

새로운 도전, '커뮤니티 매핑'
_지도 위에 책 짓기

그러던 중 연수를 듣고 온 과학 선생님께서 '커뮤니티 매핑Community Mapping**'에 대해 아느냐며, 사회 · 과학 융합 수업을 해 보자는 제안을 하셨다. 물론 주제 통합도 유의미하겠지만, 첫 단

---

* 지역 현안 사항이나 불편 사항을 발견한 시민이 스마트폰이나 PC에서 구글 맵스Google Maps, 마이크로소프트 빙 맵스Bing Maps 등이 제공하는 지리정보시스템을 활용해 교통, 생활 정보, 각종 시설물 등 다양한 요소들을 지도에 직접 표시함으로써 문제점을 해결해 나가는 새로운 형태의 시민 참여형 지도 제작 기술.

추이니 테크놀로지를 이용한 수업 연계 방안부터 고민해 보자고 하셨다. 그러지 않아도 나 또한 연수에서 커뮤니티 매핑에 관한 강의를 듣고 흥미를 느꼈는데, 어찌 이리 통할 수 있나 싶었다. '함께 만들어 가는 지도'라는 이름도 멋져 보였다. 사회과에서는 매년 학생들에게 야외조사 활동을 통해 보고서를 작성하도록 하고 있었고, 과학과에서는 수업 시간에 어떻게 하면 스마트교육과 교과 개념을 접목할 수 있을지를 지속적으로 고민했으니 자연스럽게 야외조사 활동과 매핑 활동을 엮을 수 있겠구나 싶었다.

커뮤니티 매핑은 말 그대로 함께 지도 위에 지리 정보를 입력해 지역 내 다양한 현안을 제공하되, 입력의 주체가 시민들이 되는 것이다. 학생들에게는 지역에 관한 소책자를 만드는 작가로서 이에 필요한 지역 정보를 조사하고 그 내용을 지도 위에 표시하도록 한다. 사람들이 특정한 장소나 공간에 대해 평소 궁금했거나 불편하다고 느꼈던 것들에 대한 정보를 제공해 주는 주체가 되는 것이다. 다양한 텍스트를 통해 획득한 정보를 수동적으로 이용하는 소비자를 넘어, 누군가에게 제공할 수 있는 쓸모 있는 지식들을 만들어 내는 생산자가 될 수 있다는 경험을 심어 주고 싶었다. 게다가 사회 교과는 인간과 자신의 삶, 시공간과 그 위에 펼쳐지는 다양한 사회 현상을 주체적으로 탐구하고 성찰하는 데 주안점을 두고 있으니 사회과의 목표와도 부합했다.

그러나 문제는 독서 수업과의 연계성! 독서-야외조사(답사)-매

펑을 통한 과학과의 연계 수업이라… 시작도 하기 전에 머리가 아
팠다. 준비될 때까지 기다릴 수는 없었다. 이렇게 서로 의기투합할
기회는 지금 아니면 없을 테니, 부족하지만 변화를 시도해 봐야겠
다는 마음이 들었다.

테크놀로지 부분은 과학 선생님의 분야이므로, 나는 야외조사와
연계된 독후 프로젝트를 어떻게 구현할지를 해결해야 했다. 겨울방
학 내내 애만 태우다가 우연히 접한 '책 제작하기' 온라인 강의의 도
움을 받아, 한 가지 주제를 바탕으로 토론한 과정을 담아서 우리의
이야기를 엮어 낸 책을 만들기로 했다. 즉, 독서-야외조사-매핑 과
정을 통해 하나의 결과물을 만들되, 학생들이 자신만의 이야기를
써내려갈 수 있도록 '우리 동네 책'을 만들어 보자는 결론에 다다랐
던 것이다.

드디어 2016년. 새로운 수업에 대한 대단한 포부로, 책과 함께하
며 우리 손으로 작은 책을 만들어 보는 일 년간의 프로젝트에 대해
한 시간 동안 설명했다. 지역을 기반으로 하는 탐구 학습을 통해 특
정 지역에 관한 우리만의 짧은 글을 써 보자는 내용이었다. "얘들
아, 우리 책 만들어 보자!!"라는 말에 학생들은 눈이 휘둥그레지며
부담스러워했다. 1학기에는 서울을 기반으로, 2학기에는 우리 동네
(성남)를 기반으로 지역 관련 소책자를 만들자는 이야기를 들으며
자신들을 얼마나 피곤하게 하려고 저러나 싶었을 것이다. 수행평가
로 우리 아이들이 얼마나 지치는지 잘 알고 있었기에, 절대 부담스

럽지 않게 하겠다고 몇 번이나 이야기했는지 모른다.

2학기에는 야외조사 활동을 제외한 모든 과정을 수업 시간 내에 완성할 수 있도록 할 것이며, 선생님들이 주제 설정부터 야외조사, 매핑, 책을 만드는 과정까지 적극적으로 도와줄 것임을 끊임없이 이야기했다. 답사는 어쩔 수 없이 학생들의 개인 시간을 할애해서 조사하고 싶은 지역을 직접 두루 다녀야 하지만, 다른 모든 활동은 수업 시간 안에 이루어질 것이라고 안내했다. 그리고 야외조사를 핑계 삼아 공식적으로 친구들과 즐길 수 있는 시간이 있을 것임을 강조했다. 바쁜 고등학생들이 노래방, 피시방과 같은 뻔한 곳 외에 언제 밖에서 만나 돌아다녀 보았느냐고, 분명 우리에게 또 하나의 추억이 될 수 있다며 의미를 불어넣었다. 마지막으로, 수업은 프로젝트 활동과 교과 개념 학습으로 이분화해서 운영할 것이므로 진도나 지필 평가 또한 걱정하지 않아도 된다며 내내 안심시켰다.

나만의 관점 찾기

우리는 공간과 상호작용하며 끊임없이 다양한 경험을 획득한다. 구체적인 장소를 찾다 보면 책을 만들 때 좀 더 손에 잡히는 소재들을 끄집어낼 수 있다. 단, 1학기에는 탐구 지역을 서울로 한정했다. 우리나라의 수도라는 점에서 대표성을 지니고 있었고,

무엇보다 참고 도서 목록을 만들기가 수월했다. 서울이라는 동일한 지역을 다루고 있으나 서로 다른 관점과 서술 방식을 취하고 있는 책들을 두루 살펴보고 그 안에서 자기에게 필요한 여러 지식을 찾는 연습을 할 수 있으면 좋겠다는 생각으로 학생들에게 제시할 도서 목록을 꾸렸다. 활동은 '책 둘러보기-책 주제 찾기-책 기획하기-책 디자인하기' 순으로 정했다.[*]

학생들에게 다양한 책을 제공하기 위해 '서울'이라는 검색어로 책을 찾았고, 이를 다시 큰 주제들로 나눠서 배치했다. 마침 성남의 북BOOK극성 사업에서 도서를 지원해 주는 기회가 있어 서울에 관한 책들을 크게 문화, 사회, 역사, 건축의 4가지 영역으로 분류해서 구입했다. (각 책들의 목차를 보고 호흡이 긴 서술보다는 여러 소제목으로 나뉘어 있어 학생들이 참고할 부분을 쉽게 찾으며 읽을 수 있는 책으로 선정했다. 생각보다 지역사회와 관련한 책을 많이 찾지 못해 아쉬웠다.)

책을 한가득 담은 여행 가방 두 개가 작은 도서관 노릇을 했다. 세 차례에 걸친 책 둘러보기 활동에서는 책을 대충대충 훑어보며 시간을 흘려보내지 않게 기록을 남기도록 했다. 또 모둠에서 한 명씩 나와 책을 고르게 해서 특정 친구의 관심에 따라 주제가 선정되지 않게 했다. 책을 다양하게 둘러보는 것이 중요하다고 생각했기 때문에 각 모둠당 세 권씩 보도록 했고 총 9권 이상의 도서를 훑어

---

[*] 참고 자료 2

201

볼 수 있는 기회를 제공했다. 아울러 "너희가 곧 작가가 될 거잖아. 그러니 어떤 주제를 가지고 어떻게, 무엇을 써내려갈까를 고민하며 보는 거야."라며 책의 구성과 목차, 주제에 따른 작가의 관점 등에 집중하도록 했다.

- 인상적인 부분이나 새롭게 알게 된 이야기들은 무엇이 있나요?
- 작가가 구성한 목차나 내용을 보며 추천 글을 쓴다면 어떻게 소개할 수 있나요?
- 친구들이 찾은 참고 도서들은 주로 어떤 주제들과 연관되어 있나요?

여러 권의 참고 도서는 통합적 읽기를 가능하게 했다. 아이들의 사고 확장에도 중요한 매개체가 되었다. 하나의 지역을 참 다양한 관점으로 바라볼 수 있고, 생각해 보지도 않았던 주제들도 책으로 엮을 수 있음을 보여 주고 있어 시야를 여는 자극이 되었다. 이 책과 저 책은 서로 다른 이야기들로 시작하지만 결국 같은 공간에 대한 이야기를 하고 있기 때문에 학생들은 주제를 정하는 데 필요한 아이디어들을 찾아낼 수 있었다.

《서울을 디자인 한다》《도시의 표정》이라는 책을 읽으며 공공 미술의 영향력을 보았다. 평소 미술에 관심이 많았던지라 더 눈에 띄었는지 모르겠다. 누군가에게 걷고 싶은 거리, 누군가에게 머무르고 싶은 자리가 되는 데까지 예술의 힘이 엄청 강하게 작용한다는 것을 다시 한 번 느낀다. 이렇게 사회 속, 도시 속 이미지들을 바꾸고, 그러한 외관상의 변화가 사람들의 마음속에도 좋은 파급력을 끼칠 수 있다는 것이 매력적이었다. 이러한 예술가가 되고 싶다는 생각으로, 공공 미술이 무엇인지, 어떤 곳들이 어떻게 바뀌었는지 그 변화들을 살펴보고 싶다는 생각이 들었다.

1학년 이다빈

나만의 관점을 갖는다는 것은 매우 힘든 일임에도, 학생들은 지금까지 찾아봤던 책들을 바탕으로 자신의 관심사를 나열하기 시작했다. 주제 선정이 본 프로젝트의 절반 이상을 좌우할 수 있기 때문에 나는 더 세심한 주의를 기울였다. 책 주제 찾기 첫 번째 시간에는 마인드맵을 통해 서로 떠오르는 대로 단어들을 써 보고, 이것들을 하나로 모아 가면서 최종 키워드를 추출하게 했다. 주제를 구체화시키기까지 조원들과 끊임없이 이야기 나누도록 격려했고, 그 과정에 적극 개입했다. 모둠당 4장씩 학습지를 배부해서 매시간마다 어떤 과제를 수행해야 하는지 보여 주었으며, 학습지에는 토의 기록을 남길 수 있게 여백을 두어 추후 자신들이 어떤 이야기를 나눴는지 그 흐름을 볼 수 있게 했다.

두 번째 시간에는 스마트폰을 통한 온라인 정보 검색도 자유롭게 허용했다. 다만 온라인 세상에서 불러온 여러 정보들을 나열하는 수준에서 머무르지 않고, 자신들의 관점으로 재구성한 자료가 되도록 지속적으로 발문을 던졌다.

"선생님, 저희는 서울의 역사에 대해 이야기하려고 해요."

"너희 조는 역사에 관심이 많구나. 그러면 서울의 어떤 역사? 조선 500년 수도로서의 역사, 아니면 일제강점기라는 암흑기 속의 민족 독립운동의 역사? 민주주의 과정 안에서의 서울의 역사? 좀 더 구체적으로 주제를 세분화해 보자. 그리고 기존의 책들과 차별화하려면 어떻게 해야 할지 고민해 보자."

학생들은 나의 질문에 머리 아파하면서도 자기들 안에서 꼬리에 꼬리를 문 질문들을 만들어 냈고, 주제 선정을 구체화하며 자연스럽게 참고 도서를 찾아보기 시작했다. 아이들은 대부분 무엇이라도 찾아내고자 끊임없이 대화했으나 (물론 이야기의 절반은 서울의 어디를 가 봤느냐, 거기 좋다, 재밌다, 어쩌고저쩌고하는 거였지만) 어느 모둠은 전혀 진척이 없기도 했다. 그럴 때는 책을 주며 모방은 창조의 어머니임을 강조하고 이 책을 모방해 보자고 했다.

세 번째 시간에는 도서관 연계 수업을 했다. 모둠마다 관심 있는 분야나 주제를 압축해 놓으면, 그것을 키워드로 관련 도서를 찾아볼 수 있기 때문이다. 모둠별로 돌아가며 무엇을 주제로 정했는지 발표도 하게 했다. 서로 아이디어를 공유하는 과정은 엄청난 기폭제가 된다. 다른 모둠의 신선한 주제들이 자극이 되고, 왜 그러한 이야기를 다루고 싶은지 듣다 보면 독자의 마음을 알 수 있기 때문이다.

우리 조엔 특별히 역사에 관심을 가진 친구들이 있었다. 처음부터 '역사를 테마로 본 서울'이라고 주제를 정하고 나니 빠르게 진행할 수 있었다. 그러나 역사는 지루하고 재미없고 알아야 한다는 것들이 너무 많다는 인식을 가진 친구들이 워낙 많으니, 어떻게 하면 무언가 다른 또는 재미있는 구성을 할 수 있을지에 대해 고민을 했다. 누군가의 일상이 모여 과거의 역사가 되었으니 조선 사람들의 삶에 초점을 맞춰 보면 더 흥미로울 것 같았다. 다양한 신분의 조선 사람들이 사는 이야기를 책으로 풀어 보고자 조선과 한양에 관한 책을 찾아보며 정보들을 모았다. 신분제 사회였기 때문에 신분에 따라 사람들의 삶의 모습이 달랐을 뿐 아니라 한양 안에서도 사는 곳이 달랐다는 점이 너무 특이했다.

1학년 이다운

1학기 책 만들기 시간, 우리 조는 사회 시간의 상당 부분을 주제 선정에 관한 토론으로 보낸 것 같다. 주제를 찾아가는 동안, 선생님께서 의문스러운 힌트와 질문들을 던지시는데… 절대로 무슨 주제로 책을 써 보라고 정답처럼 정해 주시지 않으니 답답하기도 했고 혼란스럽기도 했다. 무엇이라도 찾아내야 하니 머리를 맞댈 수밖에 없었고, 책 제목 하나라도 더 찾아 볼 수밖에 없었다. 선생님께서 던진 질문들과 서로 나눈 여러 이야기들을 조합해 보고, 그 의미들을 찾아 가니 오히려 풍부한 아이디어들이 나올 수 있었다. 이러한 힘이 나름 우리만의 시각을 가진 책의 주제를 선정할 수 있게 해 줬다고 생각한다.

1학년 최서연

"경미 샘. 무얼 하기에 애들이 도서관에 우르르 오는 거예요? 관련 도서가 무엇이 있냐고 계속 물어보던데?"

사서 선생님께서 얼마나 많은 책을 찾아 주셨는지, 서로 다른 주제를 들고 찾아오는 아이들에게 얼마나 많은 조언들을 해 주셨는지 모른다. 어떻게 해야 할지 난감하기만 하고, 뭐라도 정해야 하는 압박감은 가득한데 이야기는 활발해지지 않던… 그 시간들이 쌓이자 아이들은 주제 선정의 고단함을 통과해 자신만의 길을 만들어 갔다. 어른들은 몇 가지 정보만 금방 조합하고 구성만 새롭게 편집하면 되는 것들 아니냐고 할 수 있지만, 아이들은 유익한 정보를 찾고 이를 재가공하는 법을 잘 알지 못한다. 무언가를 찾아내기 위한 고민들과 시행착오 자체가 아이들에겐 큰 도전이다.

기획부터
북 디자인까지

어느 정도 주제가 구체화되면 속도는 정말 빨라진다. 이제야 손에 잡힌다고나 할까. 그때부터는 특별하게 모둠 활동을 살펴보지 않더라도, 나름대로 무언가를 기획하고 창작한다.[*] 그리고 재미도 붙는다. 머리만 쓰면 앉아 있기도 힘든 수업인데, 역시 몸동작도 수다도 자유로우니 들뜬 분위기다. 아예 책상을 치우고 바닥으로 내려간 모둠도 있다. 그것이 단순한 스크랩북이 된다 할지라도, 자신만의 관점을 찾고 하나의 완성된 출판물을 만들어 보는 그 과정으로도 충분한 배움이 있다고 생각하니 나 또한 마음이 편하다. 거창하게 '책을 만들자'고 표현하긴 했으나, 스케치북에 써내려간 이야기들도 우리에겐 책이라고, 다만 너희가 고민한 이야기가 한 줄이라도 들어가길 바란다고 이야기했다. 스케치북으로 만든 책이라는 소리에 아이들도 한시름 놓는다.

북촌에서는 기와집의 진회색을, 제례악 행사가 열리는 종묘에서는 빨간색을, 한강에서는 파란색을 찾아낸《색깔 찾아 서울 가자!》(조지욱)라는 그림책을 모티프로 출발한 모둠이 있었다. 첫 시도는 모둠 안에서 생각하는 색의 의미를 규정하는 것. 빨간색이 갖는 의미를 열정이라고 한다면 광화문 시청 앞 광장을, 그러나 그 안에는 분노도 녹아 있었다는 점에 주목하는 식으로 색의 의미와 상응하는 지역을 연결했다. 그렇게 아이들은 서울의 멋과 빛깔을 책에 담았다. 색과 공간을 조합해 나름의 의미를 부여한다는 점이 색달랐다.

《구본준의 마음을 품은 집》(구본준)이 건축물에서 희로애락을 포착해 냈다면, 과거와 현재가 공존하는 서울이라는 도시 속에서 우

---

* 책 기획과 디자인은 다음과 같이 운영했다. 주 3회 수업일 경우, 시험 기간 2주 전이나 다른 토론 시간 외에는 주 2회 교과 개념 수업(진도), 주 1회 책 만들기 프로젝트 수업으로 진행했다. 교육과정상 주 2회 수업으로 바뀌었을 때는 주 1회 교과 개념 수업, 주 1회 프로젝트+토론 수업으로 진행했다.

207

리 시대의 희로애락을 보여 줄 수 있는 상징적 장소, 건축물들을 조사해 재편성해 본 모둠도 있었다. 남학생 학급의 한두 모둠은 아주 분석적인 주제를 보여 주기도 했다. 서울 내의 지역 격차를 여러 통계 지표로 살펴보더니, 그것이 교육 여건이나 사교육비, 그리고 진학률에 어떠한 영향을 미치는지 탐구하기로 했다. 《서울로 보는 조선》(안미연) 《한양도성》(나각순)을 통해 조선 시대 한양의 모습을 살펴본 모둠에서는 한양에서 살아가는 백성들을 신분별(양반, 중인, 상민, 노비)로 분류하고 생활상을 엿보았다. 서울의 밤을 주제로 밤이 지니는 이중적 면모, 즉 우리나라의 화려한 문화와 어두운 이면(양극화, 자살 문제 등)을 대비시켜 다룬 모둠도 있었다.

학생들의 책 디자인 활동도 놀라웠다. 주제를 찾을 때 그렇게 고단해했던 아이들은 책을 디자인하며 활기를 찾기 시작했다. 다채로운 형태의 창작물이 등장했고, 노작勞作으로 즐거운 시간들을 보냈다. 여학생들은 굉장히 다채로운 색상과 다양한 구성 방식을 즐겼다. 남학생들은 컴퓨터실을 활용해 PPT나 보고서, 블로그 형태의 책을 구성했다.

아이들이 다양한 주제를 찾고, 그것을 구현하는 과정은 나에게도 또 다른 도전이었다. 처음 시작할 때는 그 어떤 구체적인 안도 없었다. 그냥 단순히 '책 읽는 거 말고 책 만드는 거 해 보면 어떨까'라는 개인적 관심사에서 출발했는데, 이렇게 멋진 결과물을 만들어 낼 줄 몰랐다. 뿌듯한 마음에 한 시간을 할애해 전람회 방식의 평가회를 열었다. 다른 모둠의 작가들에게 책의 기획 의도와 구성에 대한 설명을 듣고, 다른 친구들의 책은 무엇이 좋고 어떤 부분이 부족한지 고민해 보는 것이다. 학생들의 상호평가가 수행평가에 반영될 것이므로 공정하고 세심하게 평하도록 요청했다. 자신들이 얼마나 고단하게 책을 만들었는지 알기에, 아이들은 다른 친구들의 완성작도 소중하게 살펴봐 줬다. 그날은 하루 종일 일부러 사물함 위, 창가 등 빈 공간을 이용해 (다른 교과 선생님들께 자랑도 할 겸) 전시해 두고, 오랫동안 평가하게 했다. 자기가 만든 책을 적극적으로 홍보하는 아이들을 보니 한 학기 동안의 장기 프로젝트에 들였던 시간과 노력이 하나도 아깝지 않았다.

항상 수업을 하며 우리 학생들에게 무언가 부족하다고 여겼다. 능동성 말이다. 본인이 생각거리를 찾고, 그것에 대해 고민해 보는 자세 자체가 없다며 비판했는데, 그게 아니라 수업에 그러한 능력을 펼쳐 보일 수 있는 과정이 부족한 것은 아니었나 돌아본다.

대망의 미션,
《우리 동네 책》 만들기

2학기는 드디어 야외조사 활동, 커뮤니티 매핑과의 접목이다. 이번에는 스케일을 좁혀서 공간을 축소했다. 우리가 사는 지역을 선정하도록 한 것이다. 우리 동네의 특징과 역사 등을 자연스럽게 살펴볼 수 있고 동네 구석구석을 재발견할 수 있는 계기가 될 거라 생각했다. 지난 한 학기 동안 서울을 자기만의 시선으로 탐구해 보는 과정을 경험했기 때문에, 우리 동네에 대한 이야기를 써내려갈 때는 좀 더 살아 있는 글을 쓸 수 있을 것이라는 기대감도 있었다. 학생들에게는 "일석이조의 효과야! 야외조사로 우리 동네 책을 기획하는 데 필요한 정보를 얻는 동시에 구글 지도에 너희의 위치와 이동 경로, 주제를 뒷받침하는 짧은 사진과 이야기를 적으면 과학 수행평가도 해결할 수 있어!!"라고 이야기하며 독려했다.

　사회 · 과학 융합 수업*은 1학기 기말고사가 끝나 여유로운 시간에 과학 선생님의 주도로 시작되었다. 매핑이 무엇인지, 어떻게 지도 위에 표현해야 하는지 등의 방법뿐 아니라, 함께 만들어 가는 지도가 여러 정보를 공유하고 사회적 문제를 해결할 수 있는 통로 역할을 할 수 있다는 것도 설명해 주셨다. 아이들은 여름방학 미션을 부여받았다. (여름방학 과제의 수행 여부가 2학기 과학과 수행평가 점수에

<hr />

*　두 교과의 연계 프로젝트는 '탐구 과정에서 주제 찾기' '야외조사 활동 설계' '커뮤니티 매핑 설계'의 과정으로 구성했고 사회, 과학 시간을 세 차례 통합해서 운영했다. 참고 자료 3번과 같이 진행하기로 계획하며 하나의 프로젝트를 어떻게 두 교과에서 평가할 수 있을지도 고민했다. 생각 끝에 학생들이 파헤치고자 하는 주제를 얼마나 충실히 탐구했는가를 집중적으로 살펴보기로 했다. 책자로 만들어질 토론 과정과 학습지, 아이들이 만든 책은 사회 교과에서, 야외조사 활동을 하며 웹 지도상에 표시한 내용과 주제 간 연관성은 과학 교과에서 평가하기로 했다.

포함되었다.) 과학 선생님의 노력 덕분에, 학생들은 웹 지도를 어느 정도 활용할 수 있는 상태가 되었다.

서울을 중심으로 프로젝트를 완수한 경험은 아이들에게 큰 자산이었다. 주제를 찾는 과정에 임하는 자세부터 다르다. 아이들은 무언가 새로운 것들을 찾아내겠다는 열의를 보였다. 하지만 익숙한 동네이니 새로울 게 없는 것 같아 참 할 이야기가 없단다. 우리 동네에 대해 생각나는 대로 말해 보자고 해도, 신도시에서 자란 우리 아이들이 이야기할 수 있는 것이라곤 아파트, 차도, 학교, 수많은 상가들, 탄천 등이다. 특별할 것이 하나 없으니 도대체 어떻게 책을 쓰냐며 난감해했다. 나는 우리에게 지역에 대해 공부해야 하는 당위성이 있다고 설득했다.

"우리 지역만의 책이 어디선가는 필요하지 않겠니? 우리 동네에 대해 알려 주는 작은 팁이어도 좋고, 지역에 관한 홍보 책자도 좋고 말이지. 동네에 살면서 궁금했던 문제, 풀리지 않는 문제들을 고민해 보는 기회가 된다면 이것이야말로 지역사회와 함께 어우러진 공부, 진정한 공부가 아니겠어!"

"풋풋했던 대학 시절, 율동공원에서 자전거를 타며 데이트했는데 말이지. 그땐 그렇게 커다란 공원도, 서로 자전거를 타며 여유를 즐기는 시간도 흔하지 않았지." 하며 나의 기억들을 꺼내 놓기도 했다.

"예전에 선생님은 AK 백화점(과거 삼성플라자)에 처음 왔을 때, 정

211

말 충격적이었어. 그렇게 넓은 백화점은 본 적도 없었고 말이지~ 분명 오는 시외버스 안에서 봤던 길들에는 비닐하우스가 가득해서 마치 개발이 덜 된 시골 같은 분위기였는데, 막상 도착했던 이곳엔 아파트촌에 대형 백화점이 있어서 얼마나 놀랐는지 몰라. 그런데 왜 아파트마다 ○○마을이라고 부르는 거니?"

"너희 모란시장은 가 봤니? 선생님은 어릴 적 엄마 따라 와 본 시장의 역동성이 아직도 기억나는걸."

아이들에게는 어릴 적 동네와 관련된 추억을 떠올리게 했다. 자기들끼리 얘기를 하다 보니 어릴 적엔 탄천에서 물놀이했는데 지금은 더럽다는 둥, 구성남 지역에 있는 동네 골목길이 어땠다는 둥, 생각의 물꼬가 트인다. 물론 이미 국가 주도의 신도시로 개발된 지역에 살고 있는 아이들이기 때문에 각 동네가 얼마나 다르겠냐는 우려를 하지 않은 건 아니다. 그래도 우리 동네에 대한 추억을 시작으로 애정과 관심이 싹터야 글이 나올 수 있지 않을까 싶었고, 언제 또 우리 동네 구석구석을 돌아다니며 탐구하는 야외조사 활동을 해 보겠냐는 생각으로 아이들을 자극했다. 어떤 주제가 되든 간에 우리 동네의 이야기가 담겼으면 하는 바람으로 계속 진행했다.

하지만 아무리 연습해도 무엇에 관해 쓸지 고민하는 것은 어렵다. 1학기에 유사한 과정을 경험했으니 시행착오를 덜 겪기를 바랄 뿐이다. 아는 만큼 보인다고, 자료 조사를 하며 우리 동네 성남에 대해 알아보는 시간을 먼저 가졌다. 학생들은 도서관 수업을 통해 경기도나 성남에 대한 책자를 찾아보고, 시청 홈페이지와 여러 기사를 참고하면서 자료를 수집했다. 수집한 자료들을 토대로 우리의 관심사, 우리가 매일같이 접하지만 잘 몰랐던 우리 동네, 누군가에게 알려 주고 싶은 우리 동네 이야기를 고민한 끝에, 아이들은 자신들만의 시선으로 성남을 바라보기 시작했다. 경기도의 혁신학교와 일반 학교의 차이점을 파악하고 지역 내 대안교육을 찾아보고자 했던 친구들이 있었고, 최근 인구가 더 이상 늘지 않는 성남의 모습을 보며 '분당의 높은 집값 때문에 30~40대 인구가 유출되고 있다. 그런데 왜 지리적으로 근접한 구성남이 아니라 용인이나 수원 등지로 이사 가는 것일까'라는 질문을 던지는 모둠도 있었다. 주제를 찾기 힘들어하던 어떤 모둠에서는 거꾸로 책의 형태를 미리 정해 두기도 했다.

"선생님~ 저희는요,《북촌 나들이》《서울 성곽길》처럼 그림책으로 구성하고 싶어요. 미술을 배우는 친구들이 있으니까, 그림책을 만들어 보고 싶어서요……."

"그러면 비슷하게 하면 되겠네~! 너희 어릴 적 추억을 담은 성남의 그림책으로 말이지! 각자 인상적이었던 장소나 사건을 찾고, 그걸 중심으로 풀어내 보자."

나중에 완성된 아이들의 그림책은 우리 동네를 어떻게 바라봤는지에 대한 각각의 경험담으로 채워져 있어 인상적이었다. 그중 '교육' 때문에 이사 왔다는 한 학생은 학원으로 가득 찬 상가를 보며 느꼈던 자신의 감정을 담아냈다. 학창 시절 내내 학교-학원-집을 오갈 뿐 즐거운 추억담이나 나만의 비밀 장소 하나 없는 우리 아이들의 현실이 보여 씁쓸하기도 했다.

파란만장 야외조사

주제를 어느 정도 구체화한 모둠에서는 야외조사 활동을 어떻게 할 것인지 설계했다. 주안점은 현장에 나가서 무엇을, 어떻게 봐야 우리가 하고 싶은 이야기들을 설득력 있게 전달할 수 있을까에 두게 했다. 그 장소에 직접 간다고 해서 원하는 정보, 관찰하고 싶은 모습 등이 짜잔 하고 나타나는 것이 아니라며 주의를 주기도 했다. 선배들이 겪었던 고충을 예로 들며 얼마나 많은 아이들이 1차 야외조사를 허무하게 마무리하는지 이야기해 주고, 사전 조사가 중요하다는 점을 강조했다.

• 조사 주제 및 지역 선정
• 실내조사: 문헌 및 인터넷 자료 조사
• 야외조사: 구글 맵스로 자신의 위치(조사 지역) 표시, 사진 · 인터뷰 · 스케치 등을 활용
• 수집된 자료 분석 및 정리: 수업 시간에 컴퓨터실 활용

아이들은 직접 발로 뛰기 시작했다. 표본이 적어 신뢰성이 떨어지는 설문 조사지만 의견을 수합해 도표로 만들기도 했고, 동네 시장에서 만난 어른들을 모시고 인터뷰를 진행하기도 했다. 성남 지역의 특성을 넘어, 우리 동네의 문제점을 찾고 해결 방안을 찾는 글을 싣고 싶다는 모둠도 생겼다. 이 모둠은《넛지》(캐스 R. 선스타인, 리처드 H. 탈러)에서 아이디어를 얻어 쓰레기통 디자인을 바꿨을 때 학교 자판기 주변의 쓰레기가 감소하는지 여부를 탐구했고, 가파른 언덕길에 있는 학교가 교통사고 문제로 골치를 앓고 있다는 신문 기사를 바탕으로 '학교 앞 30km 감속'이라는 안내판 문구를 아이들의 이미지와 함께 '우리 아이가 뛰어나오는 곳입니다' '여러분의 아이들이 다니는 학교입니다' 등으로 바꿔 부착하고 추이를 살펴보기도 했다.

장애가 있는 친구를 두었다는 한 아이는 휠체어를 어디서 빌렸는지 타고 다니며 학교로 통학하기까지 얼마나 많은 난관을 거치는지를 알려 주는 기록을 남겼다. 그리고 최근 장애학교 설립 반대 등의 님비 문제를 지적하며 장애인과의 통합 교육이 얼마나 필요한지 역설하고 성남의 통합 교실과 도움반의 실태를 인터뷰로 조사해서 실제 장애학생들이 어떤 교육을 받았는지, 도움반 친구들을 바라보던 우리들의 마음이나 관심은 어떠했는지를 담은 책자를 만들었다.

한편 우리 지역 내 소외 계층 중 다문화 가정에 관해 살펴보고 싶다는 친구들이 있었다. 그들의 삶에 대한 이야기를 들어야 해서 지

아 이 들 은 직 접 발 로 뛰 기 시 작 했 다.

역 내 다문화가족지원센터에 직접 가 보겠다나. 그러나 바로 현실적인 어려움에 봉착했다. 결혼이민여성, 다문화 가정 아동을 만나 인터뷰를 해 보겠다는 원대한 계획은 학생들만의 입장이었고, 그들의 입장은 고려하지 못한 것이다. 아이들은 발을 동동 구르기 시작했다. 그러더니 인권, 사생활 문제 등도 있는데 자신들이 너무 쉽게 생각했다며 전문가를 만나야겠단다. 사회복지사는 우리 지역의 다문화가족지원정책을 잘 설명해 줄 수 있을 것이고 사람들의 인식이나 이로 인한 다문화 가정의 실제적 어려움을 이야기해 줄 수도 있을 거라며……. 아이들은 사전에 인터뷰 질문을 작성해 메일로 의견을 조율하고, 방문 의도를 설명하는 등 자신들이 부딪힌 장벽을 하나씩 해결해 나갔다.

　우리 동네 책 만들기 프로젝트에서 아이들은 생동감 넘쳤다. 서울 프로젝트가 자신들에게 낯선 정보를 어떻게 탐색하고 가공하는지, 동일한 지역이어도 다양한 주제에 따라 얼마나 다채로운 이야기가 펼쳐지는지를 경험하는 과정이었다면, 자신들이 사는 지역을 탐구하는 이번 프로젝트에서는 획득한 정보를 바탕으로 눈으로 보고, 귀로 듣고, 느끼고 오기 때문에 좀 더 실제적이었다.

217

《모란시장 사용 설명서》의
출현

현장 답사에서는 본인들의 이동 경로나 답사한 장소들을 GPS로 잡아 표시해 두도록 했고, 이후 수업 시간을 따로 할애해 컴퓨터실에서 학생들이 찍어 둔 사진과 왜 그곳을 답사했는지에 대한 이야기들을 웹 지도상에 업로드하게 했다. 매핑은 구글 맵스를 활용했다. 어디서나 쉽게 접근할 수 있으며, 다양한 기호를 선택해 한눈에 지도를 파악할 수 있도록 표시하는 데도 용이했기 때문이다.

'함께 만든 지도'는 훌륭한 시각 자료였다. 전통 시장을 좀 더 파헤쳐서 우리 손으로 모란시장 사용 설명서를 만들겠다는 포부로 시작한 어떤 모둠에서는 모란시장에서 판매하는 제품을 나름대로 분류해 지도에 표시했다. 그럴듯하게 설명하자면, 모란시장 내 상권의 유형과 패턴을 파악한 것이다. 시장 상인들에게 인터뷰를 시도해 주로 어떤 연령대의 손님들이 오는지, 무엇을 사 가는지도 조사했다. 아이들은 바쁜 상인들 모습에 위축되고, 제대로 물어보지 못해 의미 있는 인터뷰 결과를 가져오지 못했다고 했다. 그러나 정보 하나라도 더 찾기 위해 질적 연구 방법론을 적용해 보고, 야외조사 활동을 통해 자료를 얻는 일이 얼마나 어려운지 깨닫는 그 과정 자체가 큰 도전이었을 것이다.

분당과 구성남의 지역 격차가 우리 동네의 가장 큰 문제라고 진단하고, 문화·교육·복지 시설을 조사한 모둠은 분당과 구성남 지역을 비교하기 위해 각각을 대표하는 동을 두 개 선정한 후, 문화 시설(영화관·백화점), 교육 시설(학원), 복지 시설(복지관·문화센터·공부방 등) 개수를 지도에 표시했다. 확연하게 차이 나는 분당과 구성남의 문화 시설과 교육 시설 수를 확인하고 복지 시설은 구성남에 많이 밀집되어 있다는 결과를 눈으로 보며, 학생들은 자연스럽게 자기들의 이야기를 써내려갈 수 있었다. 직접 동네를 걸어 다니는 시간은 외관상의 차이뿐 아니라 학교 앞 거리에 왜 그러한 격차가 발생했는지, 재개발이 논의되고 있는 구성남 지역을 어떻게 하면 좀 더 살기 좋은 동네로 만들 수 있을지에 대해 고민해 볼 수 있는 기회였다.

책의 콘셉트를 잡고, 목차를 꾸리고, 그에 따른 글쓰기를 하고, 원하는 형태로 최종 출판물을 제작하는 전 과정에서 아이들은 수없이 많은 난관을 만났다. 때로는 모둠원과 의견을 조율하기 어려워서, 자신의 생각만큼 누군가가 도와주질 않아서, 원하는 대로 이야기가 도출되지 않아서. 그러나 하나의 창작물을 완성해 가며 아이들은 자신들에게 주어진 문제를 해결해 냈다.

매번 우리 아이들의 끈기 없음과 문제 해결 능력의 부족함을 보고 답답해했다. 문제를 다각도로 바라보고 어떻게든 해결의 실마리를 찾으려 하지 않는 자세는 즉각적 욕구 충족에 익숙한 현세대의 문제점이 아닌지 비판했다. 그러나 한편으로 생각해 보면, 그들이 굳이 돌아가지 않아도 바로바로 물어볼 수 있는 스마트폰을 항상 휴대할 수 있고, 여기저기 널린 것이 정보이며, 시행착오를 겪으며 헤매지 않도록 정돈된 환경에 항상 노출시킨 것은 우리 어른들일지 모른다.

우리는 하면서 배운다

어느 한 시기에 집중되어 과목별 수행을 다 하고 나면 맥이 빠지고, 사실 무얼 했는지조차 기억나지 않는다. 그런데 책 만들기는 몇 달을 매달려야 했다. 주제를 정하고, 그 주제에 맞게 글을 써내려간다는 것도 쉽지 않았다. 그런데 이상하게도 퍼즐처럼 하나씩 차근차근 조각을 맞춰 가다 보니 처음 시작할 때는 막막하기만 했던 순간들에 재미가 더해졌다. 친구들과 함께 동네 구석구석을 돌아다녔던 경험은 기억에 오래 남을 것 같다. 동네 분들을 인터뷰하고, 설문 돌리고… 우리가 마치 무언가 중요한 연구를 하는 기분이었다. **1학년 김서현**

아이들은 참 많이 성장했다. 책을 읽고 책 속의 수많은 정보를 습득하는 법을 배웠으며 또 다른 이야기를 구성할 줄 아는 힘이 생겼다. 물론 긴 글도 아니고, 책처럼 짜임새 있는 구성력을 갖춘 것도 아니다. 그러나 우리가 살고 있는 지역에 대해 질문을 던졌고,

본인들의 질문과 답을 현장에 직접 나가 부딪치며 찾아냈다. 학기 내내 하나의 주제에 매달려 '함께'하는 즐거움과 어려움에 충분히 노출되었고, 창작의 고통에 시달리는 한편 완성된 책에 대한 야릇한 자부심과 뿌듯함을 경험했다. 책을 읽는 독자의 수준을 넘어 작가가 되어 보는 경험을 했고, 콘텐츠의 소비자에서 창작자로 성장했음을 느꼈다.

나에겐 항상 두려움이 있었다. 무엇이든 귀찮아하고 수동적인 아이들과 함께 어떻게 학기 단위로 이루어지는 프로젝트를 이어 갈 수 있을까. 평가가 가장 최우선인 아이들에게 그 과정상의 배움을 어떻게 알게 할 수 있을까. 물론 교원 평가를 보면 교과의 내용과 개념 설명에 좀 더 충실한 수업이 되길 바라는 친구들의 목소리도 여전히 있다. 심지어 강의식 수업에 대한 열망을 표현하기도 한다. 이유는 함께해야 하는 것이 많아 힘들다, 책상을 이동하기 어렵다, 자꾸 토론하라고 하고 책을 읽으라 하니 싫다 등등이다. 한편으로는 상처를 받으면서, 또 한편으로는 아이들에게 미안하기도 하다. 자꾸 아이들을 대상으로 여러 교육적인 실험을 시도하는 것 같아서, 잘 정돈되지 못하고 때로는 나 자신조차도 준비되지 못한 채 수업에 임하는 것 같아서 말이다.

그러나 이러한 시도가 있었기에 나 또한 성장했다. 아이들이 우리가 사는 이곳에 대한 의미 있는 질문을 던지게 하려면 어떻게 도와야 할지를 선생님들과 의논하며 도전을 받았다. 또 다른 교과 선생님들의 고견을 들으며 서로 다른 시각을 어떻게 통합할 수 있을지를 배웠다. 독서의 폭도 넓어졌다. 매번 개인적인 취향에 따라 소설이나 에세이, 그리고 어쩔 수 없이 교과에 도움이 될 만한 책들 위주로 살펴보았는데, 지역에 관한 책을 둘러보고 목록화해 보는 경험을 했으니 말이다.

아리스토텔레스는 '우리가 할 수 있기 전에 배워야 하는 일들을, 우리는 하면서 배운다'고 했다. 이리저리 부딪치더라도 매번 작은 변화를 위해 노력하고 시도하는 과정이 있어야 비로소 더 배워 나갈 수 있지 않을까 생각해 본다.

사회 시간에 사용할 수 있는 도서 목록

대주제	선정 도서	수업 주제	토론 방식
너에 대한 이해	《틀려도 괜찮아》 [그림책]	괜찮아, 틀리면 좀 어때!	포토스탠딩 가치(덕목) 카드
나를 바라보는 창	《짧은 귀 토끼》 [그림책]	짧은 귀, 그게 어때서?	액션러닝기법 (이름표 만들기)
	《불편해도 괜찮아》 [사회]	영화로 배우는 인권	이야기식 토론
공정한 세상 을 위하여	《정의란 무엇인가》 [인문]	공정성과 우대 – 무엇이 공정한 것인가?	찬반 대립 토론
다름을 받아 들이는 우리 의 태도	《다른 게 나쁜 건 아니잖아요》 [사회]	차별의 발견 – 다름과 틀림은 어떻게 다른 것인가?	PBL (문제중심수업)
행복은 내 안에	《김현승 시 전집》 [시]	행복한 삶이란 무엇이죠? – 행복의 조건	피라미드 토론
일의 가치	《행복한 청소부》 [그림책] 《나는 무슨 일 하며 살아야 할까?》 [인문]	일이란 무엇인가요? 우리는 무슨 일을 해야 할까요?	인터뷰
	창업 계획서 작성	새로운 일에 도전해 볼까요? – 우리의 창업 아이디어	SWOT 토론
지도와 거짓말	《살아있는 지리 교과서》 [사회]	지도와 거짓말, 관점에 따라 달라지는 지도	지도란, ○○이다
정보화 사회의 빛과 그림자	《1984》 [문학]	정보화의 빛과 그림자 – 교내 CCTV 설치 확대 논란, 어떻게 보아야 할까?	신호등 토론
공존이 필요한 세상	《왜 세계의 절반은 굶주리는가?》 [정치]	왜 세계의 절반은 굶주리는가?	액션러닝기법 (포스트잇 토론)
도덕적 딜레마	《정의란 무엇인가》 [인문]	무죄인가, 유죄인가? – 난파된 배에서 일어난 살인과 생존	천사–악마 / 모의법정 토론 (창의적 체험 활동 시간에 진행 가능)

참고 자료 2 '서울 다시 보기' 수업 계획(1학기)

일정	수업	활동 내용
4~5월	책 둘러보기	주제 선정을 위한 참고 도서 목록 만들기 (20분 교과서 진도, 30분 독서 – 3차례)
5월	책 주제 찾기	주제 선정을 위한 사전 조사 활동(주제 선정이 매우 중요하 므로, 주제 관련 토론 때마다 조별로 조언을 해 주었음)
6~7월	책 기획하고 디자인하기	• 목차와 핵심 내용을 구성하기 위한 스토리 보드 작성하기 • 자신들의 이야기를 담은 책 만들기
수행평가	최종 책 제출	전람회 방식을 통한 모둠별 상호 평가

참고 자료 3 '우리 동네 이야기' 수업 계획(2학기)

2학기 수업 주제	수업 활동 내용
우리 동네 이야기 : 성남 탐구 프로젝트 –함께 만드는 지도	• 우리가 살고 있는 공간에 대한 실질적인 탐구가 이루어질 수 있도록 독려함 • 탐구하고자 하는 주제를 설정하고, 실질적인 연구를 위한 야외조사 활동과 매핑 활동을 연계함

일정	수업	활동 내용
9월	주제 선정하기 [사회]	① '성남'하면 떠오르는 것들(마인드맵) ② 주제 선정을 위한 웹 자료 수집 ③ 책 프로젝트 키워드·이슈 선정 : 주제와 내용 나열하기
10월	[사회] X [과학] 수업	① 과학 – 주제 설정 및 가설 검증 ② 과학 – 커뮤니티 매핑의 방법 ③ 사회 – 지역 답사(야외조사 활동) ④ 사회 – 주제 설정 이후, 내용 구성
11월	커뮤니티 매핑 및 책 만들기	① 과학 – 답사 이후 실제 매핑 작성해 보기 ② 사회 – 이야기하고 싶은 내용을 담을 책 디자인하기
수행 평가	최종 책 제출 및 상호 평가	전람회 방식을 통한 모둠별 상호 평가

학생들의 탐구 주제	
서울	우리 동네−성남
• 조선 시대 서울의 모습은 어떠했을까? (신분에 따라 일상생활과 공간을 재조명) • 북촌의 한옥마을을 중심으로, 옛 조상들이 만든 한옥의 특징을 살펴보자. • 응답하라, 한양! 시대별로 정리된 우리 수도 서울(사건 및 주요 이슈) • 서울의 데이트 코스(문화·역사·이색 체험 중심) • 외국인에게 보여 줄 우리의 관광 가이드북(서울 편)	• 분당 vs 구성남 지역 격차는 어떠한가?(문화시설·교육자원·주거환경 측면의 비교 분석) • 왜 30대의 엄마들은 분당의 주거지에서 빠져 구성남이 아닌, 용인·수원과 같이 지리적으로 더 먼 지역으로 이사 가는가? • 모란시장은 왜 젊은이들의 이용이 활성화되지 않는가? • 성남의 다문화 지역에 대한 탐구(인터뷰 중심) • 성남의 숨은 그림(명소) 찾기!

세상에서
가장 시끄러운
독서

읽기의 공동체를 꿈꾸다

전지향
동두천중앙고등학교
qtjjun@naver.com

학교는 왜 다닐까?

15년의 교직 생활 동안, 나는 늘 12년 공교육의 끝자락에 있는 아이들을 만나 왔다. 초등학교와 중학교를 거치며 해결되지 않고 쌓여 온 아이들의 문제는 보이지 않는 큰 덩이가 되어 내 앞에 놓여 있었다. 가장 마주하기 어려운 것은 교실의 수업 상황이었다. 무기력함과 지루함으로 정체된 교실, 더 이상 배우려 하지 않는 아이들. 아이들에게 학교는 왜 다니냐고 물어본 적도 있었다.

"밥 먹으려고요."

"밥 먹고 애들하고 놀려고요."

실제로 아이들은 급식 시간을 가장 손꼽아 기다리며, 그날의 메뉴는 모든 오전 수업을 아우르는 중요한 화두가 되기도 한다. 그나마 학교에 오면 친구들이 모여 있고 함께 떠들며 놀 수 있기에 학교가 좋다는 아이들도 있었다. 그렇지만 그런 아이들에게 허락된 시

229

간은 쉬는 시간과 점심시간 정도뿐이리라.

"대학 가려구요."

"고졸은 해야 한대요."

더러는 현실적인 답변을 하는 아이들도 있었다. 강의를 통해 교과 지식을 공부하는 것이 학교의 주요한 모습이라면, 굳이 '학교'라는 공간에 우리가 모여서 지식을 쌓아야 할 필요는 없을지도 모른다. 그래서 어떤 이들은 정보가 넘쳐 나고 지식 습득이 자유로운 이시대에 학교란 제도는 구시대적 산물이니 필요 없다고 말하기도 한다. 그럼에도 학교가 건재해야 하는 이유는 무엇일까?

꼭 배워야 하지만 공동체가 아니고서는 배울 수 없는 것이 있기때문이다. 바로 사람들과 두루 관계를 맺고 소통하며, 문제가 생겼을 때 서로 협력할 수 있는 힘이다. 그러기 위해선 아이들에게 서로인간적인 관계를 맺는 것부터 시작해서 타인을 이해하고 공감하는능력을 길러 줘야 한다. 옛날에는 가정과 마을에서 이 힘을 자연스럽게 기를 수 있었지만, 이젠 학교가 아니고서는 배울 곳이 없다.

이러한 힘을 키우는 데 있어 함께 책을 읽고 이야기를 나누는 것만큼 쉽고 재미있는 것이 또 있을까? 책을 통해 다른 세상에 있는다양한 사람들을 만나고, 그에 대한 생각을 지금 여기서 함께하는친구들과 직접 나누는 삶. 이런 삶을 바탕으로 아이들이 학교를 졸업하고 세상에 나가 어떤 문제를 마주했을 때, 서로 소통하고 협력하면서 더 나은 세상이 되도록 만들어 갈 수 있는 힘을 습관처럼 몸에 배게 하고 싶었다. 특히나 실제로 듣고 말하는 활동을 모두가 많이 해 보게 하고 싶었다. 상대방의 말을 진짜로 잘 들을 수 있는 자세를 키우고, 자신의 감정이 어떤 것이고 그러한 감정이 왜 드는지 차분히 인식하며 이를 바탕으로 나의 생각을 구체적으로 소리 내어 타인에게 말해 보는 기회를 모두에게 가능한 한 많이 주고 싶었다. 나아가 학교가 미래의 행복을 위해서만 배우는 곳이 아니라, 미래에도 현재에도 행복한 사람이 되기 위한 곳이기를 바랐다.

그러나 사실 예전에는 책 읽기를 떠올리면 지울 수 없는 회의감이 들곤 했었다. 한 권의 책이 내 마음속에 온전히 들어와 나를 일렁이게 한 적이 몇 번이나 있었던가? 정확히 2012년 9월 이전까지는 거의 없었다. 이때까지만 해도 나에게 책 읽기란 각자의 지적 수준과 감성, 독서 습관에 따라 어찌할 수 없는, 지극히 개인적인 행위였다. 국어 교사로서 아이들을 가르치면서도 독서교육을 어떻게 해야 할지 몰라 참 난감하기도 했다. 교사인 나조차도 제대로 된 독서토론을 해 본 적이 없었기 때문이다. 그때까지의 독서수업이란 그냥 읽히고, 일회성 수행평가로 독서 감상문을 쓰는 정도였다.

그러던 중 2012년 2학기에 참여하게 된 '중등 독서토론 실기 직무연수'는 나에게 책 읽기의 즐거움을 몸소 체험하게 해 준 소중한 경험이 되었다. '책을 함께 읽는 것'의 재미에 비로소 눈을 뜨게 된 것이다. 책 자체가 설령 재미없고 어려울 수 있더라도, 책을 읽고 함께 이야기를 나눈다는 것은 실로 놀랍도록 재미나고 서로를 성장하게 한다는 걸 뒤늦게 깨닫게 되었다. 그리고 그제야 책을 읽고 함께 이야기를 나누는 수업을 제대로 시도해 볼 수 있게 되었다. 우리는 '우리가 가진 것만을 줄 수 있을 뿐'이기 때문이다.

지금은 한 달에 한 권, 많으면 두 권을 읽고 이야기를 나누는 정도지만 다양한 학교 일과 급작스러운 행사들, 집안일들이 동시다발적으로 벌어질 때 나는 기꺼이 용기를 내어 함께 읽는 시간을 택하려고 애쓴다. 그 시간 속에서 무심코 반복하고 있던 일상들의 의미를 돌아보기도 하고 요즘 나는 무슨 생각을 하며 살고 있는지, 진짜 바라는 것은 무엇인지, 다른 사람들은 어떤 생각을 하며 살고 있는지를 서로 이야기하며 세상이 어떻게 구성되고 돌아가는지에 대한 생각으로 나아간다. 하지만 이 모든 것들은 나 혼자 책을 읽고 끝냈더라면 결코 얻지 못했을 선물이다. 그건 마음을 열고 서로 소통하며 생각을 공유하고 협력하는 가운데서만 가능했다. 바로 이것이 '함께' 읽는다는 것의 의미와 가치가 아닐까?

여기에 소개할 독서수업은 동두천중앙고등학교에서 2015년 2학기에 시도해서 2016년 2학년 2학기 독서와 문법 시간까지 진행한 내용을 주로 담았다. 학력이 높지 않고 독서력이 부족하며 배움에 소극적인 아이들이 많았던 터라, 책을 읽고 함께 이야기를 나눈다는 것이 재미있다는 것을 깨닫게 하고, 이를 매개로 서로 소통하고 협력할 수 있는 습관을 길러 주는 것에 초점을 두었다.

가르치지 않을 수 있는
용기

　　얼마 전 들었던 한 연수에 오신 강사께서는 교육이란 '가르칠 수 있는 용기를 가진 교사와 기꺼이 배우려는 용기 있는 학생이 서로에게 스며드는 것'이라고 말씀하셨다. 참 멋진 말이다. 그러나 지금의 교육 현장에서 기꺼이 배우려는 용기 있는 학생이 과연 얼마나 될까. 적어도 내가 근무한 학교들에는 그런 학생들이 많지 않았다. 배우려는 용기라는 것도 입시에 필요한 기술을 익히기를 바라는 경우가 더 많았다. 강의를 하면 졸고, 깨우면 떠드는 악순환의 연속. 그리하여 가르치려 용기를 내는 족족 곤란과 좌절의 수렁에 빠져 괴로워하던 수많은 밤들. 하루 7시간이나 이어지는 지식 주입식 강의 수업을 견뎌 낼 수 있는 아이는 많지 않았다. 아이들은 더 이상 강의를 참고 들으려 하지 않았다.

　교실이 무너지고 있었다.

　나에게는 돌파구가 필요했다. 정녕 이렇게 살 수는 없었다. 협동 학습 연수도 들어 보고, 배움의 공동체 연수도 들어 봤지만 나의 교실에 현실적인 해답을 주지는 못했다. 그러다 7월의 어느 날 '거꾸로교실 캠프'라는 연수를 듣게 되었고, 비로소 내일 돌아가 바로 적용할 수 있는 수업 방법들을 실습으로 철저히 체득하게 되었다. 솔

233

직히 좀 더 재미있고 획기적인 수업 방법이 없을까 하는 얄팍한 호기심으로 시작한 연수였다. 하지만 아이들이 온전히 배움의 주체가 되고 교사는 배움을 위한 조력자이자 촉진자가 됨으로써 '배움을 위한 기존의 역할을 바꾼다'는 거꾸로교실의 철학에 매료되었다. 그리고 마침내, 교사가 다 가르치지 않을 수 있는 용기를 내게 되었다.

연수에서 돌아와 시작한 2학기 수업 첫날, 나는 아이들에게 선언했다. 이제 혼자 떠드는 강의는 하지 않겠노라고. 그건 나만 공부 잘되는 방법이라고. 국어 시간이라면 실제로 말하고 듣고 읽고 쓰는 걸 많이 해 봐야 한다고. 강의는 혼자 들어도 되는 것인데, 우리가 어렵고 힘들게 한자리에 모여 일방적으로 강의를 듣고 있을 필요가 없다고. 이제 강의는 인터넷 카페에 찍어 올릴 테니 미리 보고 오고, 우리는 모여서만이 할 수 있는 의미 있는 활동들을 할 것이라고. 최소한의 지식을 바탕으로 그것을 적용하고 응용해 보는 활동들을 할 거라고.

수업이 2학기로 접어든 터라 1학기 방식에 익숙해졌을 법한데도, 무기력했던 아이들은 생각보다 크게 반발하지 않았다. 그렇게 전면 모둠 수업을 진행하게 되자, 일단 내가 일방적으로 말하고 아이들이 들어야 하는 상황이 사라지게 되니 수업을 방해하던 일군의 아이들과 실랑이할 일도 없어졌다. 모둠을 만들기 위해 자리를 옮겨 앉아야 하기 때문에 1교시부터 내리 자던 아이들도 내 수업 시간이 되면 자리를 비켜 주면서 깊은 잠에서 한번 깨어나게 되었으며, 모둠 자리로 이동하면 책상을 붙이고 얼굴을 마주 보는 구조이므로 차마 팔을 뻗거나 대놓고 웅크려 자기에는 민망한 환경이 자연스레 조성되었다. 그래도 어디에나 고수들은 있는 법. 편의점 아르바이트를 했거나 게임으로 밤을 새운 녀석들은 주체할 수 없이 깊은 수면에 빠져 어찌할 수 없기도 했다.

하지만 교실은 전체적으로 활기를 찾게 되었다. 그동안 물에 젖은 휴지처럼 책상에 늘어져 붙어 있던 녀석들은 일 년에 한 번, 체육대회 때나 문득문득 보여 주던 살아 있는 눈동자를 운동장이 아닌 교실에서도 자주 보여 줬다. 교탁에 서서 굳은 표정으로 조용히 하라는 말을 목 아프게 반복해 왔던 나는 교실 구석구석을 돌아다니며 더 얘기해 보라고 부추기고 있었다.

아… 교실이 살아나고 있었다.

그 눈빛을 본 이상, 나는 이제 이전의 교실로 돌아갈 수 없었다. 놀랍게도 강의 조회 수는 수업 시간에 실제로 수업을 듣는, 즉 졸거나 떠들거나 눈만 뜨고 영혼은 없는 아이들을 제외한 숫자만큼 딱 나왔다. 평소에 수업을 잘 듣던 아이들은 조용한 환경에서 강의를 듣고 내용을 숙지했고, 자거나 떠들거나 수업에 집중하지 못했던 아이들은 그 아이들과 함께 주어진 활동을 해 나가면서 더불어 배우고 있었다. 그리고 강의가 빠진 교실에는 부족하기만 했던 '시간'

이 많이 남게 되었다. 이제 책을 직접 읽히고 이야기를 나눌 수 있는 시간도 덩달아 확 늘어나게 된 것이다!

쏟아지는 민원 세례, 비장하게 정면 돌파

> 인생의 불행이란 인생이 마냥 행복할 것이라고 믿는 데서 시작한다.
> _도리스 레싱

아이들은 약 한 달 정도 잘 따라 주는 듯했다. 2학기가 새로 시작한 덕분도 있겠지만, 전과는 뭔가 다른 결연한 눈빛과 말투로 강력한 에너지 파장을 전달해 오는 선생님에게 뭐라 말하기가 어려웠을 수도 있겠다.

그러던 어느 날, 큰 전지를 가운데 두고 모둠 수업을 하는데 한 아이가 자리에서 벌떡 일어나더니 "나 이 새끼랑 이런 거 안 해!" 하고 소리치며 전지를 박박 찢어 갈겨 던져 버리는 것이 아닌가. 그리고 아이들은 수업에 대한 불만을 털어 놓기 시작했다.

"언제까지 이렇게 수업할 거예요? 너무 귀찮아요!"

"마음에 안 드는 애랑 같은 모둠하기 싫어요!"

나는 혼란스러웠다. 연수에서 배운 대로만 하면 잘될 줄 알았는데, 이건 뭐지? 이제 어떻게 해야 하지? 수업의 돌파구는 이것이라 생각하며 불타오르던 마음을 잠시 끄고, 멈춰서 다시 아이들을 바라보니 모둠 활동을 해 본 적이 거의 없는 아이들이 많았다. 게다가 벌써 2학기가 되어 친한 아이와 그렇지 않은 아이들이 이미 나뉘어 있는 상태였다. 결국 모둠 수업의 목적과 가치를 아이들이 차분히 받아들일 수 있는 기회도 제대로 주지 않은 채, 전에는 하나하나 자세히 설명해 주던 것들을 이제 너희들끼리 얘기하면서 알아내라고 던져 준 꼴이 되었다.

> 모둠 활동을 하면 싸우게 된다. 그래서 강의를 받는 게 가장 즐거웠다. 사람 넷이 모이면 싸운다는 것과 그냥 입 다물고 공부하는 것의 즐거움을 배웠고 이걸 깨달았다는 점에서 성장했음을 느꼈다.
>
> **2학년 김호윤**

위 글은 모둠에서 종이를 찢어 던진 아이와 갈등하는 상황에 있었던 아이가 학기 말 수업 소감에 써낸 것이다. 아이는 상처를 받아서 감정이 많이 상한 모양이다. 그리고 수업 방식도 꽤나 싫었나 보다. 여느 아이었다면 그냥 이렇게만 생각했을 수 있지만, 이 아이는 좀 달랐다. 세상과 사람을 바라보는 관점이 너무 확고해서 자기 주관은 잘 밝히지만 사람들과는 잘 소통하지 못하는 아이였다. 아니, 주로 혼자 있거나 극소수의 아이들하고만 친하기 때문에 두루 소통

237

할 일이 없었다. 아이는 전혀 소통해 보지 않은 사람과 소통하고 협력해야만 과제를 완성할 수 있는 상황을 마주하자 비로소 견고하던 '자기만의 벽'에 부딪히게 된 것이 아닐까.

너무나 당연한 사실도 깨달았다. 무언가를 '함께'하면 결과적으로 어려운 일을 보다 쉽게 해결할 수 있지만, 그 과정은 아이들에게 결코 쉬운 일이 아니다. 소통하고 협력하려면 서로를 파악하고 익숙해지는 데 시간이 필요했다. 구체적인 연습도 필요했다. 그리고 그 모든 밑바탕에는 서로 간의 관계가 어느 정도 형성되어 있어야 한다는 점을 절실하게 느꼈다. 그래서 남은 2학기는 시간을 두고 아이들의 반응을 살피며 수업의 완급을 조절했고, 모둠도 그냥 앉은 자리에서 의자만 돌리게 해서 귀찮다는 민원과 고정된 모둠원에 대한 불만을 줄여 줬다. 그때까지는 나의 수업 철학이 아직 확고하게 구체화되지 못한 상태이기도 해서 아이들의 의견을 절충해 진행하기로 했다.

그렇게 2015년을 보내고, 2016년 새 학기를 맞이하자 작년의 시행착오를 거울삼아 제대로 수업을 해 보고 싶었다. 먼저 수업에서 추구하는 가치를 강조해서 설명했다. 가치로 활동을 합리화하기 위해서가 아니라, 가치를 먼저 내면화한 후에 활동하게 하는 데 중점을 두고 수업을 설계했다.

수업을 안내하는 첫 시간에는 유튜브에서 〈어느 축구팀의 감동 실화〉라는 영상을 찾아 틀어 줬다. 태국의 조그마한 섬마을에서 만

들어진 축구팀이 큰 대회에 나가 우승까지 하게 된 이야기다. 그곳
아이들은 축구를 좋아해 축구장을 만들고 싶었지만 사면이 바다인
섬마을에 육지라곤 집들만 겨우 빼곡하게 들어갈 정도였다. 아이들
은 꿈을 위해 서로 아이디어를 모으고 소통하고 협력하면서 문제를
하나씩 해결해 나가고, 모두가 불가능하다고 한 '바다 위 축구장'을
직접 만들어 낸다. 이 과정이 녹아 있는 영상을 보여 주고 느낀 점을
물어보면, 아이들은 보통 '열정'이나 '창의성'의 가치에 대해 이야기
했다. 그러나 나는 그에 덧붙여 말해 줬다. 아무리 열정 있고 아이디
어가 뛰어났더라도 모두가 함께 소통하며 힘을 합치지 않았다면 결
코 꿈꾸던 바를 이룰 수 없었을 거라고. 좀 더 나은 삶을 살 수 있게
하는 힘이 바로 이것이라고. 한 치 앞을 볼 수 없는 죽음이 난무하는
이 시대에, 내가 혹 어느 날 갑자기 죽게 된다면, 국어 교사로서 이
건 정말 가르치길 잘했다고 생각할 수 있는 것만 가르치겠다고. 옛
날의 제자들에겐 미안하다고.

다소 비장하고 진지하게 수업의 가치를 설명한 후, 앞으로 이를
위해 모든 수업을 짜고 진행할 것이며 주로 모둠 활동으로 진행한
다고 설명했다. 모둠은 지필 평가가 끝날 때마다 바꾸겠다고 했다.
그리고 모둠을 짜기 전에 강조하는 이야기가 있다.

"잘 모르는 사람과 서로 소통하며 협력하기란 쉽지 않을 거야. 사
실 선생님도 어려워. 어려우니까 연습이 필요하고 시간이 필요한
거야. 학교 문밖을 나가는 순간 너희들이 함께할 사람들의 95%는

각자 다른 환경 속에서 자라고 다른 생각을 하고 있는 사람들일 거야. 같은 모둠의 아이와 친한 친구가 되거나 사귀라는 얘기는 아니야. 다만, 같은 일을 해 나갈 수 있을 정도로 서로 소통하고 협력할 수 있는 능력은 학교에서 꼭 배우고 나가야 해. 선생님은 국어 교사이기 때문에 너희들에게 그걸 가르쳐 줘야 하고. 그나마 여기 학교 안에서 비교적 익숙한 아이들과 연습해 보는 게 좀 더 쉽겠지? 앞으로 누구와 같은 모둠이 되느냐는 크게 중요하지 않아. 서로 다르고 몰랐던 아이들과 함께 모둠이 될수록 되려 네가 성장할 수 있는 기회가 더 많아질 수 있는 거야."

사실 이 얘기는 모둠을 새로 짤 때마다 반복해야 하는 말이라 내 수업을 듣는 아이들은 귀에 딱지가 앉았을지도 모르겠다. 말로 하기도 하고 때로는 짧은 영상으로 대체하기도 하지만 아이들이 활동을 의미 있게 하면서도 모둠 구성원에 대한 불만을 덜 갖게 하는 말이기도 해서 중요하게 생각하며 반복한다.

움츠린 마음을 열다

일 년간 모둠을 4번 짰는데 기본적으로 남녀가 섞인 4인 모둠으로 구성했다. 모둠을 만든 후에는 서로 어색함을 풀 수 있는 활동을 좀 해 줘야 관계가 부드러워지고 소통할 수 있는 기반이 마련된다. 이때 핵심은 교사가 유능한 엔터테이너가 되어 아이들을 열광의 도가니로 몰고 가는 것이 아니다. 서로 눈을 맞추고 입을 뗄 수 있는 상황을 적절히 제시해 주는 것이다. 소소한 활동이라도 서로 이야기를 나누며 협력할 수 있는 것이라면 무엇이든 좋다. 나는 주로 '종이 탑 쌓기' 활동을 많이 하는데, 이것은 교사에게 아무런 개인기도 요구하지 않으며 많은 설명도, 별다른 준비물도 필요가 없다. 나는 교무실에 방치된 이면지를 교실로 한 주먹 들고 가서 말한다. "자, 모둠별로 종이를 10장씩 가져가서 제한된 시간 안에 가장 높이 쌓아 보세요."

이 활동을 하다 보면 아이들은 자연스럽게 눈 맞춤과 스킨십을 섞어 가며 이런저런 이야기들을 주고받게 된다. 아이들이 종이를 쌓는 동안 교사는 그 안에서 이루어지는 소통과 협력의 모습들을 잘 관찰해 두었다가 활동이 끝난 후 각 모둠의 특징을 포착해 되도록 긍정적인 피드백을 해 준다. 물론 이런 활동을 한 번 했다고 해서 아이들이 모둠 활동을 원활하게 해내는 것은 아니다. 소통과 협력의 과정은 무엇보다 시간을 두고 지속적으로 연습해야 하며, 그러려면 최소한의 사회적 기술도 필요하다. 서로 존중하고 배려하며 눈을 맞추고 바라보며 잘 들어 주고, 때론 격려와 응원을 보낸다면 얼마나 좋을까? 하지만 아이들은 이럴 때 필요한 구체적인 언어들을 좀처럼 사용하지 않았다. 차마 입 밖으로 내뱉으면 안 될 말인양, 녹슨 창고에 모두 쓸어 넣고 자물쇠로 꽁꽁 잠가 버렸다. 특히 남자아이들은 어색하면 침묵하고 친하면 서로 비아냥거리는 극단적 어법을 구사하는 경우가 대부분이었다.

소통에 필요한 기본적인 사회적 기술과 언어들을 말로 여러 번 안내하기는 힘들었다. 분명히 있지만 일상 언어에서 사장되어 버린 말들을 다시 소환해서 큰 글씨로 인쇄를 하고 코팅한 후, 뒤에 자석을 붙여 매시간 칠판에 붙여 두고 수업 시간 전에 한 번씩 읽으며 강조했다.[*] 자신이 어렵거나 힘들 때 좀 도와달라고 말할 수 있는 자세와 구체적으로 어떻게 도와줄지 물어볼 때 필요한 언어적 표현도 중요하다고 일렀다. 티격태격하는 모둠이나 소통이 잘 안 되는 모둠에는 칠판에 붙은 판을 떼어다가 옆에 갖다 주기도 했다. 자신의 입으로는 차마 못할 말이지만 판에 쓰여 있는 말을 따라 말하는 것에는 큰 거부감이 없어 곧잘 따라 하며 스스로 흐뭇해하는 아이들도 있었다.

소통과 협력이 잘 안 되는 모둠의 어려움을 파악하는 데는 '배움 일기'의 도움이 컸다. 배움 일기란 말 그대로 수업을 통해 무엇을 배웠는지를 구체적인 언어로 기록하는 활동이다. 수업이 일주일에 4

---

[*] 소통과 협업의 기술로 제시한 것은 세 가지로, 존중하고 배려하기, 잘 들어 주기, 공감·칭찬·격려·응원하기였다. 이와 관련한 구체적인 언어도 함께 제시했다. '응!' '맞아' '와~' '좋아' '잘한다' '고마워' '괜찮아' '같이 해 보자' '잘할 수 있을 거야' '좀 도와줄래?' '도와줄까?' '어떤 점이 어려워?' 등이었다.

시간 들었으면 4번의 수업 중 두 번 이상, 한 번에 세 줄 이상을 공책에 적도록 했다. 단순히 오늘 무슨 활동을 했다는 식이 아니라 '내가' 무엇을 배우고 느꼈는지를 써야 한다. 배우도록 안내받은 것이 아닌, 진짜 자신이 배우게 된 것을 구체적으로 쓰는 것이다.

배움 일기로 아이들의 지적인 부분뿐 아니라 정의적情意的인 부분까지 알 수 있어 좋았다. 공공연하고 지속적으로 아이들과 소통할 창구 역할도 했다. 나는 일주일간 작성한 내용을 매주 월요일 수업 시간에 내게 해서, 아이들이 그날의 활동을 하는 동안 검사 도장을 빠르게 찍고 인상적인 문장에는 빨간 밑줄을 그어 줬다. 좀 더 정독하고 싶은 내용들은 사진으로 찍거나 교무실로 가져와서 읽어 보기도 했다. 아이들이 수업 시간을 실제로 어떻게 느끼는지, 어렵거나 불편한 점이 무엇인지를 그때그때 알 수 있어서 교사 혼자서는 파악하기 힘든 수업의 어려움과 해결의 단서들을 발견할 수 있는 중요한 자료였다. 특히 평소에는 조용해서 말을 잘 하지는 않지만 수업을 의미 있게 받아들이며 즐거워하고 있는 아이들의 피드백이야말로, 수업을 지속할 수 있는 힘이자 기쁨이었다.

입이 트이는 독서토론
_카드로 책 읽기

2016년에 내가 맡은 과목은 '문학' 그리고 '독서와 문법'
이었다. 1학기 문학 시간은 문학작품을 아이들이 스스로 해석하고
감상해 내는 과정 자체에 시간이 많이 필요해 다른 책을 많이 읽지
는 못했다. 2학기 독서와 문법 시간은 일주일에 4시간이었고, 교과
명에 마침 '독서'라는 단어가 들어 있어 좀 더 많은 시간 동안 책을
읽고 함께 이야기를 나눌 수 있었다. 교과서에 있는 자투리 지문을
파악하는 독해력 수업은 하지 않았다. 진정한 독서 능력이란 전체
맥락 속에서 부분의 의미를 발견하며 곱씹는 것이므로, 맥락 없는
자투리 지문을 분석하는 것으로는 늘지 않으며 아무런 감동도 없
다고 생각했다. 아이들에게는 온전한 글 읽기를 할 것이라고 안내
했다.

기본적으로 한 주는 문법 수업, 한 주는 독서수업을 했다. 독서
시간에는 문학과 비문학을 2:3 정도의 비율로 선정해 읽었다. 문학
은 총 4편의 소설을 작품당 4차시(읽기-내용 확인 및 느낌 말하기-모둠
내 토론-모둠 간 토론)로 진행한 뒤, 개별 평가 글쓰기와 상황극을 했
다. 비문학은 4차시 정도 연속해서 개별적으로 읽고 매시간 활동지
를 작성하게 하고 나서 모둠별 토론을 진행했다. 다양한 책을 모둠
별로 읽힐 수도 있지만, 나는 같은 책을 읽는 것을 선택했다. 독서수

244

업의 초점을 하나의 내용에 대한 여러 의견을 비교하고 공유해 보는 것에 두었기 때문이다.

책은 학교 도서관의 사정을 고려해서 웬만하면 인쇄하지 않고 복본이 여러 권 있는 것 중에서 택했다. 소설은 재미도 있고 의미도 있는 것, 다양한 토론을 이끌어 내기 위해 비교적 결말이 정해져 있지 않은 것, 그리고 내가 좋아하면서도 아이들도 좋아할 만한 작품을 골랐다. 그렇게 〈만무방〉(김유정) 〈너와 나만의 시간〉(황순원) 〈자전거 도둑〉(김소진) 〈코〉(아쿠타가와 류노스케)*를 선정했다.

소설은 수업 시간에 함께 읽었다. 모둠원이 한 문단씩 돌아가며 읽는 것을 모든 모둠이 동시에 해 보기도 했다. 다소 소란스러워 산만해 보일 수 있지만 이렇게 읽으면 아이들이 졸 수 없기도 하고 눈으로 인식한 문자를 소리 내어 읽는 것을 보면 책의 내용을 어느 정도 이해하는지 가늠할 수 있다. 때에 따라서는 조용히 각자 읽기도 한다.

그런데 책을 읽고 막상 토론을 하려고 하면 아이들은 소설의 주요한 내용들을 잘 기억하지 못했다. 그러다 보니 소설 속의 구체적인 단서를 바탕으로 하지 않는 의견만을 남발하는 경우가 많았다. 그래

---

* 《문학시간에 소설 읽기 1》(전국국어교사모임)에 실린 단편이다. 코에 콤플렉스가 심했던 한 승려의 이야기를 통해 겉으로 드러나는 것보다 중요한 것은 마음가짐이라는 메시지를 전한다. 타인의 시선을 사고의 중심에 두지 말고, 스스로의 마음을 다스리고 욕심 없이 내면의 아름다움을 가꾸다 보면 진정한 자신을 찾게 된다는 평범하면서도 가치 있는 진리를 명쾌하게 담아냈다.

서 전에는 줄거리를 적어 주고 핵심어를 빈칸으로 만들어 아이들이 채워 넣게 하는 학습지를 풀도록 한 적도 있다. 하지만 진짜 중요한 것은 그 핵심어들이 어떤 인과관계와 맥락으로 연결되어 있는지 파악하는 것이고, 사실 빈칸 채우기 식의 학습지는 굳이 함께 소통하며 협력할 필요가 없는 방식이었기 때문에 다른 방법을 고민했다.

이에 거꾸로교실 연수에서 배운 방식을 사용하니 효과가 좋았다. 이전에는 학습지의 답이었던 핵심어를 미리 알려 주고, 아이들이 그것을 이용해서 나머지 맥락들을 만들어 가는 것이다. 교사가 준비할 것은 전지와 핵심어를 출력한 종이, 가위, 딱풀이다. 모둠원들은 서로 끊임없이 이야기하고 책도 다시 뒤적여 가며 전체 줄거리 속에서 핵심어를 어디에 넣고 어떻게 자연스럽게 연결할 수 있을지를 고민해야 한다. 특수 학생이나 극심한 학습 무기력에 놓인 학생들도 가위질과 풀칠을 하면서 이야기의 맥락을 엿보고 들을 수 있어, 이후 이어지는 질문 만들기와 토론에 자연스럽게 동참할 수 있다. 모둠별로 같은 단어 카드를 줬는데도, 아이들은 조금씩 다른 양상의 줄거리를 만들어 냈다. 다음은 〈너와 나만의 시간〉을 읽고 핵심어 카드로 줄거리를 만든 결과물이다.

〈핵심어〉
김 일병, 권총, 개, 다리, 명령, 부상, 압박
여름, 인가, 산속, 시체, 폿소리, 주 대위, 현 중위

3모둠: 초**여름** 산속에서 **김 일병**, **주 대위**, **현 중위**가 낙오된다. **다리 부상**을 입은 주 대위에게 현 중위가 자결하라며 **압박**을 했다. 저녁에 현 중위는 혼자 떠나고 그 후에 **시체**로 발견되는데, 까마귀가 시체의 얼굴을 쪼고 있었다. 밤에 **폿소리**를 들은 주 대위는 김 일병에게 동남쪽으로 가라고 명령했다. 가려던 그때 **개** 소리가 들려 근처에 인가가 있다고 추측하고 주 대위가 김 일병에게 **권총**을 들이대며 업으라고 **명령**한다. 소리가 들리는 **인가** 쪽으로 이동하다 인가 쪽에 가까워졌을 때 주 대위는 의식을 잃었다.

9모둠: 한**여름** 전장에서 낙오한 세 명이 있었다. **주 대위**는 **부상**을 입은 자신이 짐이 된다는 것을 알지만 삶에 대한 희망을 포기하지 않았고, **현 중위**는 혼자서라도 살기 위해 나머지 두 명을 버리고 떠났다. 까마귀 두세 마리가 사람의 **시체**를 쪼고 있었다. 그 시체는 먼저 간 현 중위였다. 주 대위와 **김 일병**은 쓰러지듯 누워 있었다. 그러다 갑자기 **산속**에서 **폿소리**가 들려왔다. 그 폿소리는 아군의 포였으나 너무 멀었고, 주 대위는 김 일병이라도 살리기 위해 **권총**으로 자결을 하려 했다. 갑자기 머리 쪽에서 **개** 짖는 소리가 들렸다. 주 대위는 김 일병에게 업으라고 **명령**을 내렸다. 김 일병은 **다리**가 후들거리고 포기하고 싶었지만 주 대위의 **압박** 때문에 포기하지 않고 마침내 **인가**에 도착했고 주 대위는 의식을 잃어버렸다.

247

소설을 읽는 데 1차시를 할애한 경우, 줄거리 만들기는 20~30분 정도면 끝난다. 이렇게 기본적인 내용을 머릿속으로 회상하면서 책에 익숙해졌다면, 이제 마음으로 한 발짝 더 다가갈 차례다. 이때, 자연스러우면서도 쉽고 재미있게 토론의 물꼬를 틀 수 있는 방법이 있다. 읽은 느낌을 간단히 말하는 '입 풀기'다. 그런데 그냥 느낌을 말하게 하면 '어렵다' '지루하다' '재미있다' '슬프다' 등 매우 추상적이고 단편적인 감정을 나열하는 경우가 많다.

그래서 나는 모둠별로 사진 카드를 10장씩 주고 소설을 읽은 후 자신의 느낌을 잘 표현해 줄 수 있는 사진을 하나 고르게 했다.[*] 또 고른 이유를 사각 포스트잇에 5줄 이상 적게 하고 서로 느낌을 나눈 뒤, 가장 잘 표현한 것 한 장을 골라 칠판에 자석으로 붙이도록 했다. 그리고 나서 자유롭게 나와 투표하거나 시간이 부족하면 개설된 인터넷 공부방에 올리게 했다.

이 활동을 통해, 평소에 목소리를 좀처럼 들을 수 없을 만큼 조용한 지현이에게서 놀라운 발상을 엿볼 수 있었다. 지현이는 소설 속세 인물들을 톱니바퀴 세 개가 맞물려 돌아가는 사진과 연결하면서, 사진처럼 '현 중위와 김 일병, 주 대위가 함께 힘을 합쳤더라면 아군으로 돌아갈 수 있었을 것 같다'며 '연대'의 의미를 부여했다.

---

[*] 학토재(http://www.happyedumall.com)의 '프리즘 카드'와 글로벌액션러닝그룹(http://www.globalal.co.kr)의 '아이디어 박스'를 번갈아 사용했다. 사진이 크고 독특해서 잠재된 생각을 끌어내 서로 나누기 좋다.

셋 중 누구 하나가 빠져도 제대로 돌아가지 않는 상황, 하지만 각각
이 모두 힘을 합쳐 제 할 일을 다한다면 조금씩 계속해서 나아갈 수
있는 관계의 메커니즘을 꿰뚫어 보고 간명하게 표현해 낸 것이다.

함께 빚으면 질문이 된다
_모둠 내 토론

소설을 읽은 후 그냥 자유롭게 토론을 하라고 하면 아이
들은 선뜻 말하지 못한다. 그래서 질문을 만들어 주기도 했는데, 교
사가 작품마다 일일이 논제를 만들기도 어렵거니와 본질적으로 아
이들이 궁금한 내용이 아니기 때문에 토론의 의미도 퇴색하는 경우
가 많았다. 물론 아이들이 스스로 다양하고 좋은 질문을 만들어 낸
다면 좋겠지만 아이들은 질문 만드는 일을 무척 난감해했다. 그리
고 개개인이 생각해 낼 수 있는 질문에는 한계가 있었다.

어떻게 하면 아이들이 다양한 생각을 끌어내고 서로 협력해서
질문을 만들게 할 수 있을지 고민하던 차에 '책함성(책과 함께 내는 바
른 성찰의 소리)' 독서토론 연수를 듣고 질문을 함께 빚는 방법을 배
우게 되었다. 준비물은 카드 형태의 종이(A4 용지를 6등분한 크기, 개인
당 4~5장), 정사각형 포스트잇, 색지(A4 용지를 길게 4등분한 크기, 학생
수만큼), 그리고 A4 용지(모둠 수만큼)다.

아이들은 구체적인 맥락을 사용해서 온전한 문장으로 표현하는 것을 어려워한다. 하지만 단어로 말해 보라고 하면 쉽게 접근할 수 있다. 구체적인 질문을 문장으로 만들어 내기 전에 작품을 읽으며 가장 의미 있었던 내용이나 느낌, 생각, 가치를 나타내는 단어를 일 인당 4개씩 카드에 적게 한다. 이때 아이마다 고른 사인펜의 색깔을 달리해 누가 썼는지 구분할 수 있도록 하고, 진하고 크게 써서 모둠원이 모두 볼 수 있도록 가운데 펼쳐 두게 한다. (전부 16장의 단어가 펼쳐져 있을 것이다.)

이제 질문을 만들 차례인데, 앞에 놓인 단어들을 조합해서 연상되는 질문을 일인당 한 개씩 색지에 크게 적는다. 답이 정해져 있어서 '예' 또는 '아니오'를 묻거나 줄거리를 확인하는 질문은 만들지 않도록 유의한다. 각자 질문을 만들었으면 한 명씩 돌아가면서 질문을 만든 의도를 소개하며 함께 이야기 나누고 싶은 점을 설명한다.

다음으로는 4가지 질문 중에서 함께 토론할 질문을 고르게 한다. 질문이 갖춰야 할 요건은 세 가지다. 함께 다양한 이야기를 나눌 수 있으며, 쉽고 재미있으면서도, 의미가 있어야 한다. 이 기준에 따라 선택한 모둠 질문에 대한 자신의 생각을 사각 포스트잇에 5줄 이상 적고 서로 의견을 나눈 후, A4 용지에 질문을 쓴 색지와 포스트잇을 붙여서 낸다. 중복 질문이 나오지 않도록, 질문을 정한 모둠은 먼저 나와 그 내용을 칠판에 쓰게 했다. 다음은 두 작품에 대해 아이들이 함께 빚어낸 질문들이다.

〈너와 나만의 시간〉 모둠별 질문

1. 이제 곧 내가 죽을 수 있다는 것을 느꼈을 때 어떤 생각이 들었을까?

2. 김 일병은 왜 주 대위를 버리지 않았을까?

3. 권총으로 협박해서 인가로 가게 하는 방법 말고 다른 방법은 없었을까?

4. 주 대위가 김 일병을 권총으로 협박할 수밖에 없었던 이유는 무엇일까?

5. 총을 겨누면서까지 김 일병을 살리고자 했던 주 대위의 용기는 어디서 났는가?

6. 내가 김 일병이라면 자신을 압박했던 주 대위의 말을 들었을까?

7. 폿소리, 개 소리, 까마귀는 무엇을 의미하는가?

8. 주 대위와 김 일병은 인가에 도착해서 무엇을 했을까?

〈만무방〉 모둠별 질문

1. 가난해서 도둑질을 했을 때의 심경은 어떨까?

2. 이 시대의 만무방은 누구일까?

3. 응오는 도덕적인 사람이 아닌가?

4. 무엇이 응칠이와 응오의 비극을 만들었는가?

5. 응오·응칠 형제는 죽기 전까지 가난의 굴레를 벗어날 수 있을까?

6. 어떻게 하면 가난을 줄일 수 있을까?

7. 동생 응오가 도둑질한 사실을 알게 된 응칠이는 어떻게 해야 할까?

8. 웅칠이는 가난 때문에 아내와 헤어지게 되었는데, 만약 헤어지지 않고 끝까지 함께했더라면 어떻게 되었을까?

아이들은 다양한 질문들을 만들고 모둠 내에서 토론을 했다. 특히 〈만무방〉을 읽고서는 식민지 시기 소작농이 고금리로 착취당하는 현실 속에서 자신이 경작한 벼를 자신이 훔쳐야만 했던 인물의 심정을 시대 상황에 비춰 해석해 냈다. 주로 인물들이 맞닥뜨린 문제들을 어떻게 해결해 나가고, 어떤 선택을 할지에 대한 질문이 많았으나, 인간의 존엄과 도덕에 대한 기본 정의를 다루는 깊이 있는 질문도 있었다. 아이들은 웅오의 행동이 도덕적이었는지를 토론하면서 진정한 정의란 무엇인가를 고민했다. 생활이 기본적으로 보존되어야만 백성들의 선함이 유지된다고 한 맹자의 말씀을 되새기며, 인간으로서의 기초 생계가 유지되지 않는 상황 속에서 개인의 양심만을 지키라는 것은 옳지 않다는 의견도 있었다. '어떻게 하면 가난을 줄일 수 있을까'라는 질문에 보편적 복지와 선별적 복지 이론을 들어 대답하기도 했다.

소설의 제목이자 '염치없고 막돼먹은 사람'이라는 뜻의 '만무방'을 놓고 '이 시대의 만무방'은 누구일지 떠올려 보며 신랄한 토론을 벌인 적도 있다. '이 시대의 만무방은 누구일까?'라는 질문은 다른 모둠 아이들에게 가장 큰 호응을 받았다. 아이들은 소설의 사실적 내용을 묻는 다른 질문에 비해, 틀에서 벗어난 획기적인 질문이라며 신이 났다. 대통령 탄핵 등으로 인해 정치적으로 큰 이슈가 있었던 시기여서 그런지 정치인들 이야기를 많이 했고, 상대에게 상처 주는 말들을 염치없이 막 내뱉는 악플러, 사고를 내고도 모른 척하고 도망가는 뺑소니 범인, 자해 공갈범들, 사람이면 실수를 할 수도 있는데 굳이 어린 아르바이트생들에게 삿대질과 욕을 하는 민폐 고객, 피해자의 아픔을 외면한 채 진실한 사과와 반성을 하지 않는 학교 폭력 가해자 등을 '이 시대의 만무방'으로 꼽았다.

서른다섯 명의 이야기를 찾아서
_ 모둠 간 토론

다음으로는 '둘 가고 둘 남기' 방법을 활용해 모둠원 중 두 명이 자기 모둠의 토론지(색지와 포스트잇을 붙인 A4 용지)를 들고 다른 모둠을 차례로 돌며 설명하고 함께 이야기를 나누게 했다.

처음에는 어김없이 "그냥 잘하는 애가 발표하면 안 돼요?"라고 물어보는 아이들이 있다. 그러면 "안 돼. 국어 시간에는 모두가 듣고 말하는 연습을 고르게 해 봐야 해. 그리고 사람마다 듣고 말하는 능력은 모두 달라. 어떤 사람은 사람들 앞에 서서 고개를 들고 눈을 맞추고 있는 것만으로도 큰 발전일 수 있어. 사람들은 저마다 다른 속도로 성장하는 거야. 자기가 못한다고 너무 주눅 들 필요 없어. 못하니까 연습하는 거고 연습하다 보면 조금씩 나아질 수 있어."라고 설득한다.

아울러 앞서 제시했던 '소통과 협업의 기술'을 다시 한 번 강조한다. 다른 모둠에 설명하러 가는 사람은 토론지를 휙 던지고 읽어 보라고 하는 게 아니라, 자기 모둠에서 토론했던 내용들을 다른 모둠 친구들에게 잘 설명해 줘야 한다. 듣는 사람은 설명하러 온 사람들과 눈을 맞추며 반갑게 맞이해 주고 경청하면서 내용에 대해 질문하고 의견을 덧붙인다. 그리고 모둠 토론지에 있는 포스트잇 4개 중 가장 와닿은 내용을 각자 한 가지씩 골라 별표를 달게 한다. 간단한 코멘트를 적어도 좋다.

'둘 가고 둘 남기'는 혼자 설명하는 것보다 심리적으로 든든하다고 느끼기 때문에 말하기 연습을 시도하기에 좋고, 제한된 시간에 모든 학생이 많이 말하고 들을 수 있는 구조여서 애용하는 편이다. 마치 '의자 뺏기' 게임처럼 내가 이동해야지만 다른 모둠의 아이가 들어와 앉을 자리가 생기기 때문에 모든 아이들이 나름의 질서를 가지고 빠짐없이 참여할 수 있다. 다만 이 활동을 할 때 주의할 점은 다른 모둠에 가서 설명하고 토론하는 시간을 타이머로 정해 주고, 모둠별로 도는 방향을 칠판에 적어야 한다는 것이다. 그래야 우왕좌왕하지 않고 제한된 시간 안에 모두가 고루 설명하고 들을 수 있다. 나는 자석 타이머를 칠판에 붙여 3분으로 설정하고, 옆 모둠을 차례로 돌며 3분씩 이야기하게 했다. 1모둠의 두 명이 2모둠으로 가서 설명하고, 2모둠의 두 명이 3모둠으로 가는 식이다. 이렇게 7개 모둠을 모두 순회하고 나면, 이번에는 앉아 있던 두 명이 설명하러 가고 설명했던 사람은 앉아서 다른 모둠에서 온 아이들의 설명을 들으며 이야기를 나눈다.

자기 모둠으로 돌아온 아이들은 다른 모둠의 반응을 모둠원에게 간단히 전한 후 칠판에 토론지를 붙인다. 그리고 모든 학생들은 다른 모둠의 질문 중에서 내가 할 말이 있겠다 싶은 질문을 두 가지 골라, 그에 대한 자신의 생각을 포스트잇에 5줄 이상 써서 칠판의 모둠 토론지 밑에 붙인다. 그러면 자연스럽게 포스트잇이 가장 많이 붙은 모둠 토론지가 아이들이 가장 많이 생각한 질문이 된다. 이런 과정을 통해, 아이들은 같은 소설을 읽고서 8가지 질문에 대한 반 친구들 35명의 생각을 알게 되었다. 그리고 그중에서 적어도 세 가지 질문에 대해서는 자신의 생각을 구체적인 글로 명확히 표현해 보는 기회를 얻었다.

모둠 간 토론은 내가 특히 의미를 두는 활동이자, 아이들도 제일 좋아하는 시간이다. 무엇보다 역동적이며 신이 난다. 모둠원이 앞에 나가서 전체를 향해 발표하게 할 수도 있지만 그렇게 서너 모둠만 발표하면 또 하나의 강의가 되어 버려 아이들의 집중력이 떨어진다. 친구들과 서로 소통하고 다양한 의견을 많이 들어 보며 생각을 넓히는 과정에서, 미처 몰랐던 친구들의 모습을 발견하기도 하면서 배움이 일어날 수 있다.

오늘은 각 모둠에서 토론한 내용을 다른 모둠에 이야기해 주는 시간을 가졌다. 가장 인상 깊었던 건 이주현의 발표였는데, 그동안 소극적이고 무뚝뚝한 줄로만 알았던 아이가 예상 외로 친절하면서도 발표도 굉장히 적극적으로 했다. 그런 모습을 보며 사람들의 내면에는 내가 모르는 또 다른 점들이 있는 것 같았고, '누구나 잘하는 것이 한 가지씩은 있구나'라는 생각이 들었다. 나는 발표하는 것을 쑥스러워했기 때문에 주현이를 보며 어떤 식으로 말을 해야 친구들이 잘 들어 주면서 다시 질문할지 감을 잡게 되었고, 다음번 발표에서는 더 잘해야겠다고 생각했다. 또 〈자전거 도둑〉은 솔직히 이해하기가 어려웠었는데 친구들의 다양한 이야기를 들으며 잘 알게 된 것 같아 좋았다.

2학년 조성아

책 읽기부터 모둠 간 토론까지, 소설 4편을 각각 4차시 정도로 끝내고 난 후에는 개별 수행평가를 실시했다. 토론한 소설이 각 학생의 눈높이에서 어떻게 내면화되고 있는지를 좀 더 내밀하게 알아보고 싶었다. 아이들에게는 편안하게 표현할 수 있도록 색다른 감상의 형식을 제시했다. 토론한 소설 중 한 작품을 골라, 그 소설을 전혀 알지 못하는 친구에게 소개하고 설명하며 추천하는 글을 써 보는 것이다. 단, 추상적인 내용이 아니라 소설의 구체적인 내용을 바탕으로 자신만의 감상을 전달할 수 있는 대화체로 작성하도록 했다. 개인의 생각과 느낌을 쓰는 것이지만, 친구들의 다양한 이야기들을 들으며 자신의 생각과 비교해 보고 작품을 새로운 관점으로 탐색해 보기도 하면서 작품에 대한 이해의 폭을 전보다 넓게 하려는 의도였다. 윤정이는 〈코〉를 읽고 다음과 같은 이야기를 들려줬다.

안녕! 난 오늘 〈코〉라는 책을 읽었어. '코'라는 제목이 정말 웃기지? 이 짧고 웃긴 제목 속에 아주 깊은 뜻과 교훈이 담겨 있단다. 일단, 이 책의 주인공은 나이구야. 나이구는 턱에 닿을 정도로 긴 코를 가지고 있어서 엄청나게 큰 스트레스를 받고 있었대. 그래서 쥐참외를 달여 먹어도 보고 쥐의 오줌을 코에 묻혀 보며 온갖 방법으로 코를 줄여 보려 했지만 아무 소용이 없었대. 그런데 이상한 건 못난 코를 가지고 있는데도 주위 사람들은 별로 신경을 쓰지 않았다는 거야. 하지만 코에 대해서 스스로 엄청난 스트레스를 받던 나이구는 결국 잔인한 방법을 동원해서 코를 줄였는데, 평소에는 나이구의 코를 별로 신경 쓰지 않던 사람들이 갑자기 줄어든 코를 보고는 피식피식 웃어 댔나 봐. 사람들의 반응에 실망한 나이구는 코를 섣불리 줄여 버린 자신을 원망했고, 결국 어찌해서 코가 다시 길어지게 되니 안심했다는 이야기야. 어때? 나이구가 정말 어리석게 느껴지지 않니?
나도 처음에는 나이구가 어리석고, 변덕스러운 인물인 줄 알았는데 생각해 보니까 마냥 어리석고 변덕스러운 인물은 아니라는 것을 깨닫게 되었어. 오히려 내가 나이구한테 그런 취급을 해서 너무 미안했어. 왜 냐하면 나이구가 나와 비슷한 성격을 가졌다고 느꼈기 때문이야. 너도 이 책을 읽어 보면 느낄 수 있겠지만 나이구는 자기의 코 때문에 사람들의 눈치를 많이 보는데 사실 나도 사람들의 눈치를 많이 보는 편이거든. 그럴 때마다 정말 내 자신이 작게만 느껴졌었는데, 어느 날 문득 느낀 게 있어. 사람들은 내가 생각하는 것보다 나에게 관심이 많지 않다는 거야. 처음엔 이런 생각이 드는 것을 그냥 무시했었는데 가끔씩 내가 남의 눈치를 볼 때 이런 생각을 해 보니까 확실히 눈치를 덜 보게 되고, 오히려 나를 더 사랑할 수 있게 되는 것 같았어. 그리고 이런 생각을 할 수 있게 된 나 자신에게 너무 고마웠다고나 할까?

너도 가끔 너 자신이 미워질 때, 너 자신을 사랑할 수 있는, 어떤 생각들을 해 봐. 어렵겠지만 그런 생각들이 네가 더 성장할 수 있는 발판이 될지 누가 알겠어? 아! 그리고 난 나이구를 만나게 된다면 이런 이야기를 해 주고 싶어. 세상에 못난 사람은 없다고. 우리는 모두 소중한 존재라고 꼭 말해 주고 싶어. 나도 아주 완벽하지는 않지만 나를 사랑하는 법을 배우면서, 남의 눈치를 보지 않아도 되는 사람이 되었고, 앞으로도 그런 사람이 되고 싶어! 그럼 안녕~ **2학년 고윤정**

윤정이는 평소에 긴장지수가 매우 높은 아이였다. 공부를 열심히 하면서도 늘 성적 때문에 노심초사하곤 했다. 그러다 보니 마음의 여유가 없고, 자기 자신을 돌아볼 기회도 적었을 것이다. 혼자만의 생각 속에서 자신을 발견하기란 어려운 일이기 때문이다. 하지만 모둠 토론을 통해 친구들과 서로 질문하고 대화하며 스스로를 성찰해 볼 기회를 많이 갖게 된 것 같다. 그렇게 윤정이는 조금씩 움츠렸던 마음을 열고 세상과 주변 사람들을 관찰하고 생각하면서 어느새 '나'에 대한 진지한 탐색으로 나아가고 있었다.

상황극으로 만나는 타인의 세계

소설은 하나의 거울이라고 흔히 말한다. 그러면 독자는 무엇인가? 나는 그것을 거울 속에 뛰어드는 것이라고 생각한다. 단숨에 우리는 거울 저쪽으로 들어가서 낯익은 사람들 사이에 에워싸이는 것이다.
_사르트르

책을 읽고 토론하는 것은 어디까지나 지적인 영역의 일일 것이다. 나는 아이들이 책을 읽으면서 책 속의 인물이 처한 상황을 머리로 이해하는 것에서 나아가, 그 인물의 심리를 좀 더 잘 느껴 보기를 바란다. 타인의 삶을 바라보고 알아가는 과정을 통해 타인을 조금 더 이해할 수 있게 되면, 우리가 겪는 대립과 갈등도 비교적 줄어들 수 있을 것이라 생각하기 때문이다. 이런 활동으로 상황극만 한 활동이 없다고 생각한다. 소설 속 세계로 뛰어들어가 직접 그 상황 속

인물의 마음을 느껴 보는 과정에서 아이들은 소통하기 싫었던, 아니 몰랐기에 소통할 수 없었던 각자의 심리적 벽을 허물 수 있다. 이것은 궁극적으로 '나라면 어땠을까?'라는 질문으로 이어지고 '나는 어떤 사람인가?'라는 중요한 질문으로까지 연결된다. 무엇보다 아이들이 행복해했다. 교직 생활을 통틀어 모든 학생이 이렇게 함박웃음을 터트리는 모습은 그 자체만으로 값지고 소중했다.

상황극에서는 공부를 잘하고 모범적인 학생들보다는 평소에 눈에 띄지 않고 다소 소외된 아이들이 두각을 보이는 경우가 많았다. 아이들에게 상황극은 자신에게 없는 친구들의 숨겨진 재능에 놀라면서 그동안의 편견을 깨고 서로를 다시 보는 계기가 되었다. 그중 도움반 학생인 선후는 평소에 한 가지 이야기를 친구들에게 반복적으로 말해서 반 아이들이 힘들어하는 경우가 있었다. 하지만 선후의 취미 중 하나였던 성대모사는 상황극에서 그 진가를 발휘했다. 인물에 알맞은 목소리 연기를 훌륭히 해내고 다른 아이들은 외우기 어려워서 보고 하는 대사까지 전부 외워서 연기하는 것을 본 아이들은 선후를 새롭게 보게 되었다. 한 학생은 배움 일기에 선후의 연기를 칭찬하며 선후뿐만 아니라 우리 반에 도움이 필요한 친구가 있다면 도움을 줄 수 있는 사람이 되고 싶다는 생각이 들었다고 적기도 했다.

상황극은 전문적인 연극이 아니기 때문에 연극을 해 보거나 가르쳐 본 적이 없는 교사도 쉽게 도전할 수 있다. 나는 반별로 제비뽑기를 해서, 토론한 4편의 소설 중 한 작품을 정하게 했다. 그리고 소설 본문 내용을 모둠 수만큼 쪼갠 후, 각 모둠이 연기할 부분을 전 시간에 미리 제시해 줬다. 다음 시간이 시작되면 약 10분 정도 연습할 시간을 주고, 이야기가 앞부분부터 자연스럽게 연결되도록 모둠별로 나와서 5분 이내로 연기한다. 준비 시간이 매우 짧기 때문에 아이들은 앞에 나가 망신을 당하지 않기 위해 머리를 맞대느라 분주하다. 대본을 짜고 대사를 외우기까지 하려다 보면 시간이 너무 오래 걸리고 아이들도 부담스러워하기 때문에, 대사는 책을 보고 할 수 있도록 허용했다.

다만 주의할 점은, 책의 본문을 그대로 줄줄 읽지 않는 것이다. 특히 본문 중 묘사나 설명 부분은 절대 그대로 읽어서는 안 되며 모두 대사나 행동으로 바꿔 표현하도록 한다. 대사의 경우 그대로 하려고만 하지 말고 길면 줄이거나 각색한다. 대사가 없고 서술이 주를 이룬 경우에는 대사로 적절히 바꿔 말하게 했다. 재미와 편의를 위해 약간의 애드리브도 허용한다. 어떤 아이는 병원에 입원한 어머니를 실감 나게 연기하기 위해 즉석에서 물병을 거꾸로 들고 이어폰 선을 맞대서 링거를 만들어 내기도 했다. 연극 수업을 하면서 우리 아이들이 사실은 얼마나 에너지가 충만하고 창의적인지 분명히 볼 수 있었다. 연기하는 아이도, 구경하는 친구도 그리고 교사인 나도 너무 즐거웠다.

교실에 나타난
예시바 도서관

    소설 읽기를 끝내고서 비문학을 읽었다. 6차시 동안은 《지식e》(EBS지식채널e)[*]를, 4차시 동안은 《힐 더 월드》(국제아동돕기연합)[**]와 《아파서 우는 게 아닙니다》(박영희)[***] 중에 한 권을 선택해 함께 읽었다. 《지식e》 시리즈는 흥미로우면서도 적당히 어려운 책으로 우리 학교 아이들이 도전하고 소화할 수 있게 내용이 구성되어 있다. 짧으면서도 영감이 있는 다양한 이야기들은 신문도 뉴스도 보지 않아 세상과 멀어져 가는 아이들의 눈과 귀를 조금씩 뜨이게 하는 데 적당했다. 《힐 더 월드》는 중학교 때 읽었다는 아이들이 많아 이미 읽은 학생들은 《아파서 우는 게 아닙니다》를 선택해서 읽

---

[*] EBS에서 방영되었던 〈지식채널ⓒ〉라는 프로그램에 각 회에 대한 배경지식을 첨부해 엮어 낸 책이다. 인간의 창조성, 폭력성, 윤리성, 희로애락은 물론 역사적이고 정치적인 사건까지 다룰 뿐만 아니라, 그 속에 담긴 소외된 가치와 소시민의 삶을 이야기한다. 단순한 지식을 넘어 지금의 '앎'이 현재와 미래의 '삶'으로 이어질 수 있도록 성찰하게 한다. 각 권에는 테마별로 각각 20여 개의 독립된 이야기가 실려 있다.
[**] 국제아동돕기연합에서 발행하는 월간지의 내용을 묶은 책이다. 환경, 기아, 전쟁, 질병 등 지구촌에 산재한 문제들과 이를 치유하고 개선할 수 있는 방법들에 대해 공감하며 고민해 볼 수 있는 기회를 제공한다.
[***] 우리 사회에서 소외된 사람들의 이야기를 기록한 르포집으로, 국가인권위원회에서 발간하는 월간지 〈인권〉에 연재되거나 여러 다른 신문·잡지에 발표된 것을 모은 것이다. 소외된 사람들의 삶을 여러 관점으로 조명해 우리 시대 전체의 모습을 발견해 내고 그들이 다름 아닌 우리 이웃임을 확인할 수 있게 해 준다.

게 했다.

《지식e》는 1권에서 8권까지 있는데 마침 학교에 권별로 5부씩 총 40부가 있었다. 아이들에게 그중에서 한 권을 골라 훑어보고, 소제목 하나를 뽑아 그에 관한 글을 집중적으로 읽은 후 활동지를 작성하게 했다. 활동지에는 가장 인상적인 문장과 이유, 새롭게 알게 된 사실, 자신의 삶과 세상을 연결하며 생각한 내용을 적는다. 이 활동을 4차시 동안 반복해서 진행한 다음, 5차시에는 모둠별로 모여 그동안 각자가 작성한 활동지(1인 4장, 총 16장)를 펼쳐 놓고 돌려 읽으며, 모둠원들과 토론해 '친구들이 꼭 알았으면 하는 지식'을 한 가지 고른다. 그리고 핵심 내용을 이미지와 함께 전지에 표현한다.

6차시 수업은 시작 5분 전에 교과 부장의 도움을 받아 전 시간에 모둠별로 만든 전지를 교실 앞면(칠판)과 뒷면에 일정한 간격을 띄우고 미리 붙여 두게 했다. 학생들은 수업 시작과 동시에 자리에서 모두 일어나, 자기 모둠 전지 앞으로 모인다. 이때 모든 학생은 일어나 있으므로 책상에 앉아 있는 사람은 한 명도 없게 된다.

여기서부터는 앞서 소설 토론과 같이 '둘 가고 둘 남기'로 진행한다. 모둠원 중 두 명은 자기 모둠이 만든 전지 옆에 서서 내용을 설명해 주고, 나머지 두 명은 옆 모둠으로 차례로 이동하며 설명을 듣고 토론하는 것이다. 큐레이터와 관람객의 형태를 띠고 있어 일명 '전시장 구조'라고도 부르지만, 교실 전체가 와자해서 전시장이라기보다는 마치 유태인들이 열띤 논쟁을 펼친다는 '예시바 도서관'

의 모습을 떠올리게 한다. 아이들이 토론 방법에 이미 익숙해진 터라, 토론은 우왕좌왕하지 않고 착착 진행되었다. 앞 차시의 모든 시간이 그랬지만 6차시 수업은 정말 교사가 할 일이 없다. 모두가 왁자지껄 시끄러운 외중에 심심한 희열이란! 굳이 할 일이라면 정해진 시간에 타이머를 눌러 주는 것과 아이들이 열렬히 말하고 듣는 모습을 신나게 관찰하면서 특징을 기록해 두는 정도다.

발표가 끝나면 결과물을 칠판에 게시하고 자기 모둠이 꼽은 지식을 제외한 두 개의 지식에 투표하게 한다. 최다 득표를 얻은 지식은 '우리 반 최고의 지식'으로 선정해 복도에 게시했다. 고등학교라 그런지 별다른 환경 미화가 없는지라, 황량한 교실과 복도를 수업 시간의 결과물들로 채워 가니 별도로 칭찬을 해 주지 않아도 아이들이 으쓱하며 뿌듯해한다.

협동이 빚낸 축제, 문학콘서트
_ 재기 발랄 동화 구연에서
흥부자 듀오의 공연까지

아이들은 저마다 빛깔이 있다. 나는 그것들이 한데 어우러져 한 폭의 아름다운 풍경이 되었으면 했다. 국어 교과와 연계되면서도 모두 함께 즐거운 한마당을 꾸려 볼 수는 없을까?

모두가
왁자지껄
시끄러운
외중에

심심한
희열이란!

동두천중앙고등학교 '제1회 문학콘서트'는 이런 단순한 발상에서 탄생했다. 학기 초가 되면 평가 계획과 함께 교과경시대회에 대한 계획도 내라고 한다. 흔히 해 오던 어휘력경시대회나 논술대회들에선 참가하는 학생이나 상을 받는 학생들이 거의 정해져 있었다. 그래서 학생들이 각자의 끼를 살리면서도 서로 협동할 수 있는 활동을 고민하다, 수업 시간에 또는 개인적으로 읽었던 문학작품에 대한 감상을 콘서트 형식으로 표현해 보는 축제를 기획했다.

먼저 전 학년을 대상으로 공고를 내고 콘서트 참가 신청을 받았다. 예를 들면 글재주가 있는 아이는 감상을 가사로 만들고, 노래를 잘 부르는 아이가 그 가사를 불러 주고, 화면 편집을 잘하는 아이는 노래에 어울리는 뮤직비디오를 만들어 3인 1조로 나오는 것이다. 신청을 수합한 후에는 간단한 오디션을 보고 공연할 팀을 결정했다. 많이 부실한 정도가 아니면 통과시켰고, 보강이 필요한 아이들은 조언을 해 주고 콘서트 당일까지 연습을 잘 해 오라고 격려했다. 콘서트에 실제로 올라간 팀은 동화 구연 2팀, 소설을 읽고 기존 노래를 개사해 부른 4팀, 시 낭송 UCC 3팀, 이렇게 모두 9팀이었다. 수업 시간에 토론했던 소설 작품을 노래로 개사하여 부른 팀도 있었으나, 안타깝게도 예선에서 떨어졌다.

김춘수의 〈꽃〉에 대한 감상을 조용필의 〈바운스〉로 개사해 표현한 팀은 3학년이라고는 믿기지 않을 만큼 깜찍한 율동과 노래를 선사하며 후배들에게 참가 번호 대신 '귀염둥이 선배님' 팀으로 불렸다. 소설 《상도》 팀에서는 악기를 잘 다루는 규현이가 통기타로 연주를 시작하며 콘서트장의 분위기를 한층 돋웠다. 멋진 중절모를 쓰고 나온 동준이는 이에 맞춰 자기만의 감상을 노래로 구성지게 표현해 냈다. 아이들이 유치하다고 생각하지 않을까 다소 우려했던 동화 구연 팀은 의외로 인기를 끌었다. 화면에 동화를 띄워 놓고 찰지고 재미난 목소리로 실감나게 연기했다. 공모할 당시에는 소설 내용의 일부를 각색해서 연기하는 '들려주는 소설 극장'이었는데, 아이들이 신청한 동화책으로 하니 5분 안에 전체 내용이 다 들어가고 흥미로운 가운데 함축적인 교훈이 있어서 아이들의 호응이 좋아 우수상을 받았다. 대망의 대상은 〈삼포 가는 길〉을 읽고 뮤직비디오를 미리 만든 후 이에 맞춰 공연을 한 '흥부자' 팀에게 돌아갔다. 흥이 많아 '흥부자'인 이 남성 듀오는 가사는 물론이거니와 화면 편집 실력과 무대 매너까지 훌륭해 관객들을 단번에 매료시켰다.

문학콘서트는 한마디로 열광의 도가니였다. 아이들도 나도 지적인 유희를 만끽할 수 있는 색다른 경험이었다. 아이들은 스스로 문학을 이렇게 즐길 수도 있다는 것에 신선한 자극과 감동을 받으며 매우 즐거워했고, 학교의 전통으로 2회, 3회 계속 이어 갔으면 좋겠다고 말했다.

나는 오늘도
점을 찍는다

"선생님은 제가 더 나은 삶을 누릴 수 있도록 영감을 주셨습니다."

작년 스승의 날, 초임 시절에 만난 제자 동희가 문자 한 통을 보내왔다. 요리사가 꿈이던 수줍은 열여덟 소년은 올해로 서른넷의 어엿한 일식집 사장님이 되었다. 나도 어렸던 그 시절, 내가 아이들의 삶에 영감을 줬다면 이제는 내게 배운 아이들이 학교를 졸업하고 세상에 나갔을 때 더 나은 삶을 누릴 수 있는 '습관'이 몸에 배게 해 주고 싶었다.

기존의 수업에서 내 의견을 말할 기회는 발표뿐이었다. 하지만 나는 수업 시간에 적극적이지 않아서 발표를 하지 않았고 그래서 내 의견을 말할 기회가 없었다. 그러나 수업이 이렇게 서로 말하는 방식으로 바뀌게 되면서 내가 말할 시간을 갖게 된 부분이 좋았다. 다른 사람과 의견이 충돌할 때 타협하는 방법과 내 의견 말고 다른 친구의 의견과 생각을 듣고 공유하며 말을 경청하는 방법도 배우게 되어서 좋았다.

2학년 박여진

지금까지 나는 나 혼자만 잘하면 문제없다고 생각했다. 예전에는 그러지 않았던 것 같은데 고등학교에 올라오고 나서는 나도 모르게 그렇게 변해 버린 것 같다. 왜 그랬던 것일까? 아마 나 자신이 주변 아이들을 못 믿어 왔던 게 아닐까 하는 추측을 해 본다. 그렇게 혼자만 애쓰다가 문학 수업을 하면서 모둠 아이들과 각자 역할을 나눠 맡고 같이하다 보니 정말 즐거웠다. 같이 하면 정말 별거 아닌 문제인데 그동안 나 혼자 할 수밖에 없다며 고민했던 나날이 후회스러웠다. 혼자 모든 것을 다 했을 때 느끼는 감정과 아이들과 힘을 합쳐 함께 과제를 끝냈을 때의 성취감은 절대 같지 않다. **2학년 황정민**

아이들은 조금씩 내면의 변화를 보이고 있었다.

수업을 준비하면서 가끔은 나만 열심히 하는 것 같고, 애들은 좀처럼 변화하지 않는 것 같아 무기력해지려 할 때가 있다. 그럴 때마다 어떤 선배 교사가 해 주신 말씀이 떠오른다.

"교육이란 한 아이의 인생에 점을 찍는 행위와 같아. 지금 네가 찍어 가는 점들이 모여 그 아이 인생의 선이 되는 거야. 언제 어느 시점에 그것이 어떤 구체적인 의미로 발현될지 알 수 없는 것이지."

아마 수학 선생님이셨던가? 그분은 무수한 점들이 모여 선이 된다고 하셨다. 우리가 하는 행위도 그러한 것이라고. 그러니 눈에 바로 결과가 보이지 않는다고 낙담하지 말고 네가 가치 있다고 믿는 것을 계속해 나가라고. 한 아이의 성장은 다양한 영향을 받고, 쉽게 바뀌지도 않지만 그렇다고 해서 네가 하는 행동이 무의미하게 사라지는 것은 아니라고.

　이제 곧 3월이다. 새로운 아이들과 마주하는 첫날, 아이들보다 일찍 나와 교실 출입문에 나의 꿈을 붙인다. 이 교실을 거치는 모든 아이들에게는 그것이 현실이 되기를 바라면서. '배·꿈·함·성'. 바로 여기에서 진정한 배움이 일고, 꿈을 일구고, 함께 성장해 나가기를 바란다. 사람의 진정한 성장은 자신의 부족한 점을 발견하고 인정하며 서로 돕고 배우려 할 때 이루어진다고 생각한다. 그 의미와 가치를 믿고 지치지 않고 지속적으로 점을 찍어 간다면 그것은 어느덧 진해지고 굵어져 아이들 삶의 일부로 연결될 것이다. 이 점은 교사로서의 내 인생이기도 하다. 그 길이 때론 외롭고 지치고 힘들기도 할 것이다. 하지만 그 또한 아이들 그리고 동료 선생님들과 함께 고민을 나누며 소통하고 힘을 합쳐 만들어 가는 과정이라 생각하며, 나는 오늘도 점을 찍는다.